Dino Reisner / Siegmund Dunker

WM 2026

Alles zur Fußball-Weltmeisterschaft in den USA, Kanada und Mexiko

DIE MANNSCHAFTEN • DIE STARS • DIE STADIEN

pietsch

IMPRESSUM

Einbandgestaltung: Sven Rauert

Umschlagsbilder: Getty Images

Idee, Konzeption, Texte, Fotoredaktion: Dino Reisner
Texte, Fotoredaktion: Siegmund Dunker
Die Fertigstellung dieses Buches erfolgte mit dem Redaktionsschluss am 6. Dezember 2025.

Bildnachweis: Alle Bilder von Getty Images.

ISBN 978-3-613-51004-3

Postfach 103743, 70032 Stuttgart
Ein Unternehmen der Paul Pietsch Verlage GmbH & Co. KG

Dieses Buch wurde nach den geltenden Vorschriften der General Product Safety Regulation (GPSR) entwickelt. Bei Fragen oder Problemen wenden Sie sich bitte an den Verlag unter folgender E-Mail-Adresse: gpsr@paul-pietsch-verlage.de

Sie finden uns im Internet unter
WWW.PIETSCH-VERLAG.DE

1. Auflage 2026

Projektkoordination und Lektorat: Niko Schmidt
Innengestaltung: Sven Rauert und tebitron gmbh, Gerlingen
Druck: GRASPO CZ, a.s., 763 02 Zlín

INHALT

ANPFIFF

Die Auslosung der zwölf Vorrundengruppen am 5. Dezember 2025 im John F. Kennedy Center for the Performing Arts in der US-Hauptstadt Washington D. C. war der symbolische Anpfiff der 23. Fußball-Weltmeisterschaft. In den Lostöpfen waren die 42 bereits qualifizierten Mannschaften, weitere sechs werden im Frühjahr 2026 ermittelt. Die Gastgeber USA, Kanada und Mexiko waren als Köpfe der Gruppen A, B und D gesetzt, die anderen Teams entsprechend ihrer Platzierung in der FIFA-Weltrangliste in vier Töpfe eingeteilt. Die nordamerikanischen Sportlegenden Tom Brady (Foto/American Football), Shaquille O'Neal (Basketball), Aaron Judge (Baseball) und Wayne Gretzky (Eishockey) bescherten der DFB-Auswahl lösbare Aufgaben gegen WM-Neuling Curaçao, gegen die Elfenbeinküste und gegen Ecuador. Die zwei besten Teams jeder Gruppe sowie die acht besten Dritten qualifizieren sich für das neu eingeführte Sechzehntelfinale. Danach geht es wie bisher mit Achtel-, Viertel-, Halbfinale und Finale weiter.

DAS TURNIER DER SUPERLATIVE

Am Donnerstag, dem 11. Juni 2026, wird im Aztekenstadion in Mexiko-Stadt der Anpfiff zur 23. Fußball-Weltmeisterschaft ertönen. Die Zuschauer vor Ort und an den Bildschirmen erwartet ein Turnier der Superlative. Erstmals wird eine WM in gleich drei Ländern ausgetragen, erstmals werden 48 Nationen teilnehmen. Die 104 Turnierspiele – 78 in den USA und jeweils 13 in Mexiko und Kanada – werden sich über einen Zeitraum von 39 Tagen erstrecken. Sie finden in 16 hochmodernen Stadien statt, wie etwa dem SoFi Stadium in Los Angeles (Foto), der teuersten Sportstätte der Welt. Am Sonntag, dem 19. Juli 2026, wird im MetLife Stadium in New York/New Jersey der neue Weltmeister gekürt. Dies sind 16 Mannschaften, 40 Spiele, zehn Tage und acht Stadien mehr als bei der vorangegangenen WM 2022 in Katar. Als erstes Land wird Mexiko nach 1970 und 1986 zum dritten Mal eine Weltmeisterschaft ausrichten, die USA werden zum zweiten Mal nach 1994 Gastgeber sein, Kanada zum ersten Mal. Die FIFA rechnet mit rund neun Milliarden Euro Einnahmen aus TV-Geldern, Sponsoring und Ticketing/Hospitality, fast doppelt so viel wie bei der WM 2022 in Katar. Die Klubs sollen mit rund 300 Millionen Euro, ebenfalls doppelt so viel wie 2022, für die Bereitstellung ihrer Spieler entschädigt werden.

BAG
VALET

ARGENTINIEN GEGEN DEN TITELFLUCH

Dreieinhalb Jahre nach der Winter-WM 2022 in Katar schicken sich die Argentinier an, als dritte Mannschaft überhaupt den Weltmeistertitel erfolgreich zu verteidigen. Dies ist in der fast 100-jährigen Turniergeschichte bislang nur Italien (1934 und 1938) und Brasilien (1958 und 1962) gelungen. Den Franzosen war dieses Kunststück 2022 nicht vergönnt: Im Finale in Doha musste sich der Weltmeister von 2018 den Argentiniern erst nach Elfmeterschießen 5:7 geschlagen geben. Viele Experten sprachen danach vom besten Endspiel der WM-Geschichte. Nach regulärer Spielzeit hatte es 2:2 und nach Verlängerung 3:3 gestanden. Für Argentinien war es der dritte Titel nach 1978 und 1986, die Südamerikaner reihten sich damit in der ewigen Bestenliste auf dem vierten Platz ein, hinter Rekordweltmeister Brasilien (5 Titel), Deutschland und Italien (je 4). Für Mannschaftskapitän Lionel Messi war der WM-Titel die Krönung seiner phänomenalen Karriere. Bei der Weltmeisterschaft 2026 gehört die „Albiceleste“ wieder zum engsten Favoritenkreis.

FUSSBALL IN DEN USA

Noch immer wird der US-Fußball in Europa nicht wirklich ernst genommen. Ihm haftet unverändert der Ruf einer Operette an, wie ihn Ende der 1970er-/Anfang der 1980er-Jahre die North American Soccer League (NASL) mit alternden Weltstars wie Pelé und Franz Beckenbauer (Foto) bei New York Cosmos verkörperte. In den USA selbst erfreut sich der Fußball bzw. Soccer, wie ihn die Einheimischen nennen, jedoch wachsender Beliebtheit, in der Spitze wie in der Breite. Der seit 1996 existierende NASL-Nachfolger, die Major League Soccer (MLS), hat sich in der Rangliste der großen Profiligen hinter der NFL (American Football), der MLB (Baseball), der NBA (Basketball) und der NHL (Eishockey) auf dem fünften Rang eingereiht. Beim nationalen Verband USSF sind im Nachwuchsbereich 2,5 Millionen Kinder und Jugendliche registriert – mehr als doppelt so viele wie beim DFB. Bei den Frauen sind die USA weltweit längst führend: mit vier Titeln Rekordweltmeister und mit fünf Goldmedaillen Rekordolympiasieger. Nur bei den Männern warten sie noch immer auf den Durchbruch: In den vergangenen 70 Jahren war bei WM-Turnieren das Viertelfinale 2002 in Japan und Südkorea das höchste der Gefühle.

COS M

FUSSBALL IN KANADA

Kanada nimmt als Co-Gastgeber der WM eine ähnliche Außenseiterrolle ein wie etwa Südafrika 2010 oder Katar 2022. Von den 104 Turnierspielen werden 13 im flächenmäßig zweitgrößten Land der Welt ausgetragen: sieben in Vancouver im Westen und sechs in Toronto im Osten. In diesen zwei Städten finden auch die Vorrundenspiele des Co-Gastgebers statt, der nach 1986 und 2022 erst zum dritten Mal überhaupt bei einer WM dabei ist und noch nie über die Vorrunde hinauskam. Apropos WM 1986: Für das Turnier hatte sich Kanada als Ersatzausrichter für Kolumbien beworben, bei der Abstimmung des FIFA-Exekutivkomitees wegen der mangelhaften Stadionstruktur aber klar gegen Mexiko den Kürzeren gezogen. Während „The Canucks“ oder „Les Rouges“, wie die Nationalspieler von Fans und Medien genannt werden, also noch auf ihren Durchbruch warten, ist der Fußball in der Bevölkerung längst angekommen, vor allem bei Kindern und Jugendlichen erfreut er sich eines regen Zulaufs. 2024 vermeldete der Dachverband Canada Soccer die stolze Zahl von 758 741 registrierten Spielerinnen und Spielern aller Altersbereiche. Damit hat Fußball sogar den kanadischen Nationalsport Eishockey (603 000 Spieler im Winter 2024/25) hinter sich gelassen.

CANADA
CANADA
CANADA
CANADA
CROATIA V CANADA
CANADA
CANADA
BMO

FUSSBALL IN MEXIKO

Fußball ist Volkssport Nummer eins in Mexiko. Die Anzahl der aktiven Spielerinnen und Spieler wird auf rund neun Millionen geschätzt, doch nur etwa 325 000 von ihnen sind in den Amateur- und Nachwuchsligen unter dem Dach des nationalen Verbandes Federación Mexicana de Fútbol Asociación (FMF) registriert. Die Profiliga MX spielt jährlich zwei Meisterschaften aus, die Apertura in der zweiten Hälfte des Kalenderjahres und die Clausura in der ersten. Sie gilt sportlich und finanziell als eine der stärksten nationalen Profiligen außerhalb Europas, mit einem Zuschauerschnitt von knapp 26 000 liegt sie weltweit auf Platz fünf. In den vergangenen 20 Jahren kam der Gewinner der CONCACAF Champions League nur einmal nicht aus Mexiko. Auch die beiden WM-Turniere in Mexiko 1970 und 1986 sind als rauschende Fußballfeste in Erinnerung geblieben. Die Zuschauerwelle „La Ola" schwappte von hier aus in die Stadien in aller Welt. Die Nationalmannschaft ist Rekordgewinner des CONCACAF Gold Cup, der Kontinentalmeisterschaft Nord- und Mittelamerikas (13 Titel). Weltweit kann sie auf hohem Niveau aber nicht mithalten: Die größten Erfolge bei den bisher 17 WM-Teilnahmen waren die Viertelfinals 1970 und 1986 jeweils vor heimischem Publikum.

Mexikos Fußballidol Hugo Sánchez pflegte seine Tore häufig spektakulär mit einem Handstandüberschlag zu feiern, wie hier beim 2:1 im WM-Vorrundenspiel 1986 gegen Belgien.

ERPROBTER AUSRICHTER

Bereits zum vierten Mal innerhalb von zwei Jahren werden die USA 2026 zum Schauplatz eines internationalen Großturniers. 2024 waren sie Gastgeber der Copa América, 2025 Ausrichter des CONCACAF Gold Cup, der Kontinentalmeisterschaft für Nord- und Mittelamerika, sowie der Klub-WM. Die WM-Stadien in New York/New Jersey, Dallas, Atlanta, Miami, Los Angeles, Houston und in der San Francisco Bay Area wurden bei zwei der drei Turniere genutzt. Bei der Copa América, der Kontinentalmeisterschaft Südamerikas, sind Gastmannschaften seit vielen Jahren Tradition. 2024 sprangen die USA sogar als Gastgeber für das ursprünglich vorgesehene Ecuador ein. Den Titel gewann Argentinien durch einen 1:0-Finalsieg in Miami gegen Kolumbien. Beim CONCACAF Gold Cup setzte sich Mexiko im Endspiel in Houston mit 2:1 gegen die USA durch. Und Klub-Weltmeister wurde der FC Chelsea (Foto) durch ein 3:0 im Endspiel in New York/New Jersey gegen Paris Saint-Germain. Die reformierte Klub-WM ersetzte im Kalender den Confederations Cup der Nationalmannschaften, der von 2001 bis 2017 als Generalprobe für den WM-Gastgeber diente. Die Zuschauerresonanz in den Stadien: starke 49 239 pro Partie bei der Copa América, bescheidene 24 496 beim CONCACAF Gold Cup und respektable 39 557 bei der Klub-WM.

LIVE NATION
9

Die WM-Maskottchen Maple (Kanada, links), Zayu (Mexiko, Mitte) und Clutch (USA, rechts) repräsentieren die drei Gastgebernationen.

DER WEG ZUR WM

2. Dezember 2010: In einer dubiosen Doppelvergabe entscheidet das FIFA-Exekutivkomitee, die WM 2018 in Russland und die WM 2022 in Katar auszurichten. Der Wüstenstaat setzt sich bei der Wahl für 2022 im vierten Wahlgang mit 14:8 Stimmen gegen die USA durch. Dadurch steht fest, dass Europa und Asien gemäß dem FIFA-Rotationsverfahrens nicht als Gastgeber der WM 2026 infrage kommen. Es dürfen sich nur Verbände aus Südamerika, Nord- und Mittelamerika, Afrika und Ozeanien bewerben. Die USA rücken damit in die Favoritenrolle.

6. Juli 2012: Victor Montagliani, Präsident des kanadischen Verbandes Canadian Soccer Association (CSA), sagt im TV-Sender *CBC Sports*, dass er bei der FIFA das Interesse an der WM-Ausrichtung 2026 hinterlegt habe.

21. September 2012: Justino Compeán, Präsident der Federación Mexicana de Fútbol (FMF), erklärt, dass sich sein Verband als alleinige Ausrichter für die WM 2026 bewerben wolle.

9. Oktober 2013: Decio de María, Präsident der mexikanischen Profiliga MX, bringt sein Land als Co-Gastgeber einer möglichen WM 2026 in den USA ins Gespräch.

10. Juni 2015: Infolge der Korruptionsvorwürfe bei der Doppelvergabe 2010 verschiebt die FIFA die ursprünglich für Mai 2017 geplante Vergabe der WM 2026 um unbestimmte Zeit.

28. Dezember 2016: Bei der Dubai International Sports Conference spricht Victor Montagliani, inzwischen auch Präsident des nord- und mittelamerikanischen Kontinentalverbandes CONCACAF, erstmals öffentlich von der Möglichkeit einer Gemeinschaftsbewerbung der Verbände Kanadas, Mexikos und der USA.

10. Januar 2017: Das FIFA-Council beschließt bei seiner Sitzung in Zürich, die WM-Teilnehmerzahl ab 2026 von 32 auf 48 Mannschaften aufzustocken. Auch ein neuer Modus mit 16 Vorrundengruppen à drei Teams wird verabschiedet. Dadurch ergeben sich 80 statt bislang 64 Turnierspiele.

10. April 2017: Bei einer Pressekonferenz in New York verkünden die Verbände der USA, Kanadas und Mexikos die gemeinsame Bewerbung für die WM 2026. Durch die Bündelung der Kräfte erhoffen sie sich, das erste WM-Turnier mit 48 Mannschaften und 80 Spielen besser stemmen zu können. Das Konzept sieht 60 Spiele in den USA vor und jeweils zehn in Kanada und Mexiko.

11. Mai 2017: Der FIFA-Kongress legt bei seinem Meeting in Bahrain fest, dass das Interesse an der WM-Ausrichtung 2026 innerhalb der nächsten drei Monate hinterlegt werden müsse. Die vollständigen Bewerbungsunterlagen müssen danach bis März 2018 bei der FIFA eingegangen sein.

6. Juli 2017: Die Verbände der USA, Kanadas und Mexikos bündeln ihre Kräfte im Bewerbungskomitee United 2026.

11. August 2017: Mit Ablauf der Deadline hat neben United 2026 nur der Verband aus Marokko sein Interesse an der WM-Ausrichtung hinterlegt.

16. März 2018: Fristgerecht reichen United 2026 und der marokkanische Verband ihre Bewerbung bei der FIFA ein. Die Unterlagen von United 2026 beinhalten eine Liste mit 23 Ausrichterstädten: 17 in den USA, jeweils drei in Kanada und Mexiko. Prognostiziert werden Einnahmen von fast elf Milliarden US-Dollar – fast doppelt so viel wie Marokko bieten kann.

13. Juni 2018: Bei der Abstimmung im Rahmen des FIFA-Kongresses am Vortag des WM-Eröffnungsspiels in Moskau setzt sich die Bewerbung der USA, Kanadas und Mexikos mit 134:65 Stimmen gegen Marokko durch. Als Konsequenz der Korruptionsvorwürfe aus dem Jahr 2010 wählt nicht mehr das FIFA-Exekutivkomitee den WM-Gastgeber, sondern die Vollversammlung aller 211 FIFA-Mitgliedsverbände.

17. Juni 2022: In den TV-Studios von *Fox Sports* in New York gibt die FIFA die 16 WM-Spielorte bekannt. New York/New Jersey, Dallas, Los Angeles, Boston und die San Francisco Bay Area kommen zum zweiten Mal nach 1994 in den Genuss einer Fußball-WM, Mexiko-Stadt und Guadalajara sogar schon zum dritten Mal nach 1970 und 1986. Eine Absage erhalten Baltimore, Cincinnati, Denver, Nashville, Orlando, das kanadische Edmonton sowie das Endspielstadion von 1994, die Rose Bowl in Pasadena, als zweiter Spielort im Großraum Los Angeles.

14. März 2023: Nach Kritik am künftigen WM-Modus mit 16 Dreiergruppen (nur zwei WM-Spiele für die ausgeschiedenen Teams, mögliche Ergebnisabsprachen am letzten Vorrundenspieltag) wird beim FIFA-Kongress in Kigali/Ruanda die Rückkehr zu Vierergruppen in der Vorrunde beschlossen. Dadurch erhöht sich die Anzahl der WM-Spiele von 80 auf 104.

18. Mai 2023: Bei einer Gala im Griffith-Observatorium in Los Angeles (Foto unten links) präsentieren FIFA-Präsident Gianni Infantino und der zweimalige brasilianische Weltmeister Ronaldo das offizielle WM-Logo. Erstmals in der Geschichte wird darin ein echtes Foto des WM-Pokals verwendet. Das farbenfrohe Logo sei ein Symbol für Fußball und Vielfalt, teilt die FIFA mit.

4. Februar 2024: In einer pompösen TV-Show in Miami gibt die FIFA die Aufteilung der 104 WM-Spiele auf die 16 Ausrichterstädte bekannt. Mexiko-Stadt erhält den Zuschlag für das Eröffnungsspiel, das Endspiel wird nach New York/New Jersey vergeben.

13. Juli 2025: Mit einem 3:0-Finalsieg des FC Chelsea gegen Paris Saint-Germain endet die Klub-Weltmeisterschaft, die für die FIFA und fünf Spielorte als WM-Generalprobe diente.

10. September 2025: Die FIFA beginnt mit dem Verkauf der Eintrittskarten. Für Unmut sorgt das Anmeldeprozedere zur Ticketverlosung, das nur mit der Kreditkarte des FIFA-Partners VISA möglich ist. Dennoch registrieren sich in der zehntägigen Bewerbungsphase 4,5 Millionen Fans aus 216 Ländern. Erstmals setzen die Veranstalter auf das sogenannte Dynamic Pricing, das heißt, dass der Eintrittspreis an die Nachfrage angepasst wird. Damit sollen Einnahmen und Stadionauslastung gesteigert werden. Die Preisspanne bewegt sich zwischen 51 Euro für das günstigste Ticket in der Vorrunde und 5760 Euro für das teuerste beim Finale.

26. September 2025: Nüchtern und einfallslos per Pressemitteilung präsentiert die FIFA die drei WM-Maskottchen: Maple, ein Elch, und Zayu, ein Jaguar, sollen Kanada bzw. Mexiko symbolisieren. Clutch (im Deutschen Umklammerung, Griff oder Klaue), ein Weißkopfseeadler, repräsentiert die USA. Erst zum zweiten Mal in der WM-Geschichte nach 2002 in Südkorea und Japan gibt es drei Maskottchen.

5. Dezember 2025: Obwohl erst 42 der 48 WM-Teilnehmer feststehen, werden im John F. Kennedy Center for the Performing Arts in der US-Hauptstadt Washington D. C. die zwölf Vorrundengruppen ausgelost.

SPIELPLAN

GRUPPE A

Sieger Playoff 6

Do., 11. Juni, 21 Uhr, Mexiko-Stadt
Mexiko – Südafrika
Fr., 12. Juni, 4 Uhr, Guadalajara
Südkorea – Sieger Playoff 6
Do., 18. Juni, 18 Uhr, Atlanta
Sieger Playoff 6 – Südafrika
Fr., 19. Juni, 3 Uhr, Guadalajara
Mexiko – Südkorea
Do., 24. Juni, 3 Uhr, Mexiko-Stadt
Sieger Playoff 6 – Mexiko
Do., 25. Juni, 3 Uhr, Monterrey
Südafrika – Südkorea

GRUPPE B

Sieger Playoff 3

Fr., 12. Juni, 21 Uhr, Toronto
Kanada – Sieger Playoff 3
Sa., 13. Juni, 21 Uhr, San Francisco
Katar – Schweiz
Do., 18. Juni, 21 Uhr, Los Angeles
Schweiz – Sieger Playoff 3
Fr., 19. Juni, 0 Uhr, Vancouver
Kanada – Katar
Mi., 24. Juni, 21 Uhr, Vancouver
Schweiz – Kanada
Mi., 24. Juni, 21 Uhr, Seattle
Sieger Playoff 3 – Katar

GRUPPE C

So., 14. Juni, 0 Uhr, New Y./New J.
Brasilien – Marokko
So., 14. Juni, 3 Uhr, Boston
Haiti – Schottland
Sa., 20. Juni, 0 Uhr, Boston
Schottland – Marokko
Sa., 20. Juni, 3 Uhr, Philadelphia
Brasilien – Haiti
Do., 25. Juni, 0 Uhr, Miami
Schottland – Brasilien
Do., 25. Juni, 0 Uhr, Atlanta
Marokko – Haiti

GRUPPE D

Sieger Playoff 5

Sa., 13. Juni, 3 Uhr, Los Angeles
USA – Paraguay
So., 14. Juni, 6 Uhr, Vancouver
Australien – Sieger Playoff 5
Fr., 19. Juni, 21 Uhr, Seattle
USA – Australien
Sa., 20. Juni, 6 Uhr, San Francisco
Sieger Playoff 5 – Paraguay
Fr., 26. Juni, 4 Uhr, Los Angeles
Sieger Playoff 5 – USA
Fr., 26. Juni, 4 Uhr, San Francisco
Paraguay – Australien

GRUPPE E

So., 14. Juni, 19 Uhr, Houston
Deutschland – Curaçao
Mo., 15. Juni, 1 Uhr, Philadelphia
Elfenbeinküste – Ecuador
Sa., 20. Juni, 22 Uhr, Toronto
Deutschland – Elfenbeinküste
So., 21. Juni, 2 Uhr, Kansas City
Ecuador – Curaçao
Do., 25. Juni, 22 Uhr, New Y./New J.
Ecuador – Deutschland
Do., 25. Juni, 22 Uhr, Philadelphia
Curaçao – Elfenbeinküste

GRUPPE F

Sieger Playoff 4

So., 14. Juni, 22 Uhr, Dallas
Niederlande – Japan
Mo., 15. Juni, 4 Uhr, Monterrey
Sieger Playoff 4 – Tunesien
Sa., 20. Juni, 19 Uhr, Houston
Niederlande – Sieger Playoff 4
So., 21. Juni, 6 Uhr, Monterrey
Tunesien – Japan
Fr., 26. Juni, 1 Uhr, Kansas City
Tunesien – Niederlande
Fr., 26. Juni, 1 Uhr, Dallas
Japan – Sieger Playoff 4

GRUPPE G

Mo., 15. Juni, 21 Uhr, Seattle
Belgien – Ägypten
Di., 16. Juni, 3 Uhr, Los Angeles
Iran – Neuseeland
So., 21. Juni, 21 Uhr, Los Angeles
Belgien – Iran
Mo., 22. Juni, 3 Uhr, Vancouver
Neuseeland – Ägypten
Sa., 27. Juni, 5 Uhr, Vancouver
Neuseeland – Belgien
Sa., 27. Juni, 5 Uhr, Seattle
Ägypten – Iran

GRUPPE H

Mo., 15. Juni, 18 Uhr, Atlanta
Spanien – Kap Verde
Di., 16. Juni, 0 Uhr, Miami
Saudi-Arabien – Uruguay
So., 21. Juni, 18 Uhr, Atlanta
Spanien – Saudi-Arabien
Mo., 22. Juni, 0 Uhr, Miami
Uruguay – Kap Verde
Sa., 27. Juni, 2 Uhr, Guadalajara
Uruguay – Spanien
Sa., 27. Juni, 2 Uhr, Houston
Kap Verde – Saudi-Arabien

GRUPPE I

Sieger Playoff 2

Di., 16. Juni, 21 Uhr, New Y./New J.
Frankreich – Senegal
Mi., 17. Juni, 0 Uhr, Boston
Sieger Playoff 2 – Norwegen
Mo., 22. Juni, 23 Uhr, Philadelphia
Frankreich – Sieger Playoff 2
Di., 23. Juni, 2 Uhr, New Y./New J.
Norwegen – Senegal
Fr., 26. Juni, 21 Uhr, Boston
Norwegen – Frankreich
Fr., 26. Juni, 21 Uhr, Toronto
Senegal – Sieger Playoff 2

GRUPPE J

Mi., 17. Juni, 3 Uhr, Kansas City
Argentinien – Algerien
Mi., 17. Juni, 6 Uhr, San Francisco
Österreich – Jordanien
Mo., 22. Juni, 19 Uhr, Dallas
Argentinien – Österreich
Di., 23. Juni, 5 Uhr, San Francisco
Jordanien – Algerien
So., 28. Juni, 4 Uhr, Dallas
Jordanien – Argentinien
So., 28. Juni, 4 Uhr, Kansas City
Algerien – Österreich

GRUPPE K

Sieger Playoff 1

Mi., 17. Juni, 19 Uhr, Houston
Portugal – Sieger Playoff 1
Do., 18. Juni, 4 Uhr, Mexiko-Stadt
Usbekistan – Kolumbien
Di., 23. Juni, 19 Uhr, Houston
Portugal – Usbekistan
Mi., 24. Juni, 4 Uhr, Guadalajara
Kolumbien – Sieger Playoff 1
So., 28. Juni, 1:30 Uhr, Miami
Kolumbien – Portugal
So., 28. Juni, 1:30 Uhr, Atlanta
Sieger Playoff 1 – Usbekistan

GRUPPE L

Mi., 17. Juni, 22 Uhr, Dallas
England – Kroatien
Do., 18. Juni, 1 Uhr, Toronto
Ghana – Panama
Di., 23. Juni, 22 Uhr, Boston
England – Ghana
Mi., 24. Juni, 1 Uhr, Toronto
Panama – Kroatien
Sa., 27. Juni, 23 Uhr, New Y./New J.
Panama – England
Sa., 27. Juni, 23 Uhr, Philadelphia
Kroatien – Ghana

* Alle Uhrzeiten MESZ ** Mögliche Sieger der Playoffs (1 bis 6) auf den Seiten 114/115

SECHZEHNTELFINALE

SF1	So., 28. Juni, 21 Uhr, Los Angeles **Zweiter Gruppe A – Zweiter Gruppe B**
SF2	Mo., 29. Juni, 19 Uhr, Houston **Erster Gruppe C – Zweiter Gruppe F**
SF3	Mo., 29. Juni, 22:30 Uhr, Boston **Erster Gruppe E – Dritter Gruppe A/B/C/D/F**
SF4	Di., 30. Juni, 3 Uhr, Monterrey **Erster Gruppe F – Zweiter Gruppe C**
SF5	Di., 30. Juni, 19 Uhr, Dallas **Zweiter Gruppe E – Zweiter Gruppe I**
SF6	Di., 30. Juni, 23 Uhr, New Y./New J. **Erster Gruppe I – Dritter Gruppe C/D/F/G/H**
SF7	Mi., 1. Juli, 3 Uhr, Mexiko-Stadt **Erster Gruppe A – Dritter Gruppe C/E/F/H/I**
SF8	Mi., 1. Juli, 18 Uhr, Atlanta **Erster Gruppe L – Dritter Gruppe E/H/I/J/K**
SF9	Mi., 1. Juli, 22 Uhr, Seattle **Erster Gruppe G – Dritter Gruppe A/E/H/I/J**
SF10	Do., 2. Juli, 2 Uhr, San Francisco **Erster Gruppe D – Dritter Gruppe B/E/F/I/J**
SF11	Do., 2. Juli, 21 Uhr, Los Angeles **Erster Gruppe H – Zweiter Gruppe J**
SF12	Fr., 3. Juli, 1 Uhr, Toronto **Zweiter Gruppe K – Zweiter Gruppe L**
SF13	Fr., 3. Juli, 5 Uhr, Vancouver **Erster Gruppe B – Dritter Gruppe E/F/G/I/J**
SF14	Fr., 3. Juli, 20 Uhr, Dallas **Zweiter Gruppe D – Zweiter Gruppe G**
SF15	Sa., 4. Juli, 0 Uhr, Miami **Erster Gruppe J – Zweiter Gruppe H**
SF16	Sa., 4. Juli, 3:30 Uhr, Kansas City **Erster Gruppe K – Dritter Gruppe D/E/I/J/L**

ACHTELFINALE

AF1	Sa., 4. Juli, 19 Uhr, Houston **Sieger SF1 – Sieger SF4**
AF2	Sa., 4. Juli, 23 Uhr, Philadelphia **Sieger SF3 – Sieger SF6**
AF3	So., 5. Juli, 22 Uhr, New Y./New J. **Sieger SF2 – Sieger SF5**
AF4	Mo., 6. Juli, 2 Uhr, Mexiko-Stadt **Sieger SF7 – Sieger SF8**
AF5	Mo., 6. Juli, 21 Uhr, Dallas **Sieger SF12 – Sieger SF11**
AF6	Di., 7. Juli, 2 Uhr, Seattle **Sieger SF10 – Sieger SF9**
AF7	Di., 7. Juli, 18 Uhr, Atlanta **Sieger SF15 – Sieger SF14**
AF8	Di., 7. Juli, 22 Uhr, Vancouver **Sieger SF13 – Sieger SF16**

VIERTELFINALE

VF1	Do., 9. Juli, 22 Uhr, Boston **Sieger AF2 – Sieger AF1**
VF2	Fr., 10. Juli, 21 Uhr, Los Angeles **Sieger AF5 – Sieger AF6**
VF3	Sa., 11. Juli, 23 Uhr, Miami **Sieger AF3 – Sieger AF4**
VF4	So., 12. Juli, 3 Uhr, Kansas City **Sieger AF7 – Sieger AF8**

HALBFINALE

HF1	Di., 14. Juli, 21 Uhr, Dallas **Sieger VF1 – Sieger VF2**
HF2	Mi., 15. Juli, 21 Uhr, Atlanta **Sieger VF3 – Sieger VF4**

SPIEL UM PLATZ 3

Sa., 18. Juli, 23 Uhr, Miami
Verlierer HF1 – Verlierer HF2

FINALE

So., 19. Juli, 21 Uhr, New Y./New J.
Sieger HF1 – Sieger HF2

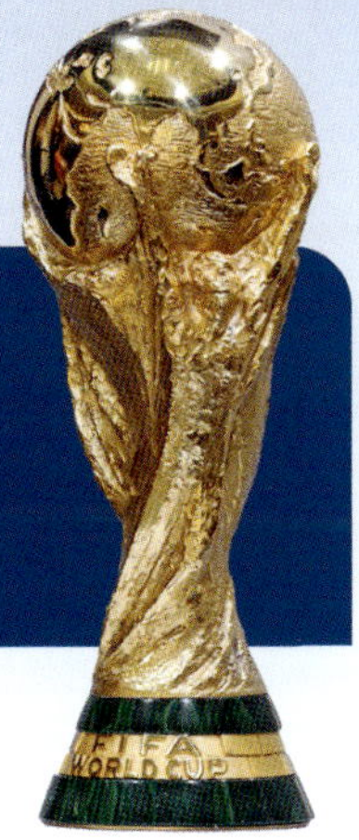

Bundestrainer Julian Nagelsmann geht in sein zweites großes Turnier mit dem DFB-Team.

ZWISCHEN ZWEIFEL UND ZUVERSICHT

Plötzlich war der Zweifel da. Die 0:2-Niederlage der deutschen Nationalmannschaft in der Slowakei zum Start der WM-Qualifikation rüttelte an einer Grundüberzeugung: Bei großen Turnieren ist Deutschland immer dabei. In früheren Jahren hätte eine Auftaktniederlage noch keine Schweißausbrüche verursacht, doch diesmal lag in der Kürze der WM-Qualifikation die Würze: Schließlich blieben der DFB-Auswahl nach dem Ausrutscher in Bratislava nurmehr fünf Gruppenspiele, um noch auf den WM-Zug aufzuspringen. Zwar hielt sich das Team von Trainer Julian Nagelsmann danach erst einmal schadlos, die Auftritte in Nordirland (1:0) und Luxemburg (2:0) wirkten aber alles andere als souverän. Und so krochen vor dem Showdown gegen die Slowakei am letzten Spieltag die Zweifel zurück. Sie überdauerten allerdings nicht lange: Schon vor der Pause machte die DFB-Elf alles klar, am Ende standen ein überlegener 6:0-Sieg gegen den Hauptkonkurrenten und die Erkenntnis, dass diese Mannschaft da ist, wenn es darauf ankommt.

Und auch Nagelsmann atmete erleichtert auf: Der Bundestrainer hatte sich in den Monaten zuvor immer wieder Kritik gefallen lassen müssen – für seine Systemumstellungen, aber auch für seine Personalrochaden. Bereits 21 Spieler feierten unter Nagelsmann, der im September 2023 den glücklosen Hansi Flick ersetzt hatte, ihr Debüt in der A-Nationalmannschaft. Der 38-Jährige war schon als Vereinstrainer bekannt für seine Experimentierfreudigkeit. Der Vorwurf der fehlenden Eingespieltheit flammt aber natürlich erst dann auf, sobald die Leistungen zu wünschen übrig lassen.

Dabei sind Nagelsmanns Erfolge unbestritten: Als er übernahm, lag die Nationalmannschaft am Boden. Ihr haftete nicht nur der Makel der verpatzten WM in Katar an, sie erschreckte in der Spätphase unter Flick mit blutleeren Auftritten gegen Kolumbien (0:2) und Japan (1:4). Innerhalb weniger Monate gelang es Nagelsmann, die Mannschaft zu stabilisieren und eine Aufbruchstimmung zu erzeugen, die in eine starke Heim-

GRUPPE E

Sonntag, 14. Juni				
Deutschland	–	**Curaçao**	19 Uhr	Houston
Montag, 15. Juni				
Elfenbeinküste	–	**Ecuador**	1 Uhr	Philadelphia
Samstag, 20. Juni				
Deutschland	–	**Elfenbeinküste**	22 Uhr	Toronto
Sonntag, 21. Juni				
Ecuador	–	**Curaçao**	2 Uhr	Kansas City
Donnerstag, 25. Juni				
Ecuador	–	**Deutschland**	22 Uhr	New Y./New J.
Curaçao	–	**Elfenbeinküste**	22 Uhr	Philadelphia

Europameisterschaft mündete. Im Viertelfinale scheiterte das DFB-Team unglücklich mit 1:2 nach Verlängerung am späteren Europameister Spanien. Es war die einzige Partie, die die Iberer nicht in der regulären Spielzeit für sich entschieden. Im Januar 2025 verlängerte der DFB den Vertrag mit Nagelsmann vorzeitig bis 2028.
Seitdem zeigte die Formkurve des Teams nach unten – bis zum Befreiungsschlag gegen die Slowakei. Ein Grund für die nicht immer zufriedenstellenden Darbietungen sind die Verletzungen von Leistungsträgern: So bestritt Jamal Musiala, der kreative Kopf im Mittelfeld, seit März 2025 kein Spiel mehr im Nationaltrikot, zunächst wegen eines Muskelbündelrisses, dann wegen eines Wadenbeinbruchs. Kai Havertz, bei der EM 2024 im Sturm gesetzt, blieb 2025 gänzlich ohne Einsatz.

Auch die Innenverteidiger Antonio Rüdiger und Nico Schlotterbeck mussten verletzungsbedingt kürzer treten. Dazu kommt, dass mit Toni Kroos und Ilkay Gündoğan zwei erfahrene Stützen des Teams nach der Heim-EM ihre DFB-Karrieren beendeten. Florian Wirtz, der vielleicht in eine Führungsrolle hätte hineinwachsen können, fehlte nach seinem schwierigen Start beim FC Liverpool zuletzt das Selbstbewusstsein.
Und so hat Nagelsmann vor der WM noch etliche Fragen zu klären: Kommt Torwart Marc-André ter Stegen nach seiner Rückenverletzung rechtzeitig in Form? Wer bildet die Innenverteidigung? Ist das Bayernduo Leon Goretzka und Aleksandar Pavlović im defensiven Mittelfeld auch bei der WM gesetzt? Wo ist nach der Rückkehr von Musiala in der Offensive Platz für den formstarken Serge Gnabry? Und kann Shootingstar Nick Woltemade seinen Platz im Sturmzentrum behaupten?
Klar ist: Das deutsche Team besitzt enormes Potenzial. Ein drittes WM-Vorrundenaus nach 2018 und 2022 wäre mit diesem Kader unentschuldbar.

FAKTEN & ZAHLEN

Hauptstadt: Berlin
Einwohner: 83,6 Millionen

WM-Endrundenteilnahmen: 20
Größte WM-Erfolge:
Weltmeister (1954, 1974, 1990, 2014)
Rekordnationalspieler:
Lothar Matthäus (150)
Rekordtorschütze:
Miroslav Klose (71)
FIFA-Weltrangliste: 9.

DAS DEUTSCHE TEAM

Vor seiner ersten Weltmeisterschaft als Bundestrainer hat Julian Nagelsmann ein schwieriges Personalpuzzle zu lösen. In seine bisherige Amtszeit fallen hoffnungsvolle Debüts, doch auch Verletzungen und Formkrisen wichtiger Spieler. Ein Blick auf die aussichtsreichsten Kandidaten für die WM 2026:

Marc-André ter Stegen
TOR

Der 33-Jährige läuft Gefahr, als Unvollendeter in die Annalen des DFB einzugehen. Trotz famoser Leistungen für den FC Barcelona kam er über viele Jahre nicht an Platzhirsch Manuel Neuer vorbei. Seit Neuers Rücktritt aus der Nationalmannschaft im August 2024 verfolgt ihn das Verletzungspech. Bestritt in diesem Jahr nur zwei Länderspiele. Wenn er fit ist, ist er gesetzt.

30.04.1992
FC Barcelona

Länderspiele: 44
Tore: 0
WM-Teilnahmen: 2

Oliver Baumann
TOR

Manchmal zahlt sich Beständigkeit doch aus. Seit elf Jahren hütet Baumann das Tor in Hoffenheim, doch erst mit 34 Jahren bestritt er sein erstes A-Länderspiel. Seitdem entpuppt er sich als verlässlicher Vertreter für ter Stegen. Baumann ist kein Torhüter mehr, der Spiele im Alleingang gewinnt, seine Ruhe und Abgeklärtheit tun dem Team aber gut.

02.06.1990
TSG Hoffenheim

Länderspiele: 10
Tore: 0
WM-Teilnahmen: 0

Alexander Nübel
TOR

Galt einst als Kronprinz von Neuer beim FC Bayern, wurde in München allerdings nicht glücklich. Über die AS Monaco fand er den Weg zum VfB Stuttgart, wo er endlich sein immenses Potenzial ausschöpfen konnte. Agierte in dieser Saison aber bislang nicht immer fehlerfrei. Bei der WM dürfte ihm die Rolle des Torwarts Nummer drei zufallen.

30.09.1996
VfB Stuttgart

Länderspiele: 2
Tore: 0
WM-Teilnahmen: 0

David Raum
ABWEHR

Der 27-Jährige changierte in den vergangenen Jahren oft zwischen Genie und Wahnsinn. Dynamische Vorstöße prägten sein Spiel ebenso wie Konzentrationsschwächen und Probleme im Stellungsspiel. In dieser Saison tritt der linke Schienenspieler für RB Leipzig bislang bemerkenswert konstant auf und lieferte auch in der WM-Qualifikation verlässlich ab.

22.04.1998
RB Leipzig

Länderspiele: 34
Tore: 1
WM-Teilnahmen: 1

Maximilian Mittelstädt
ABWEHR

War bei der EM 2024 die große Überraschung im deutschen Team und stand als Linksverteidiger bei drei von fünf Spielen in der Startelf. Rutschte in der Folgesaison beim VfB Stuttgart in ein Formtief, das er mittlerweile überwunden hat. Dennoch sah der Bundestrainer zuletzt von einer Nominierung des 28-Jährigen ab. Mittelstädt muss um sein WM-Ticket bangen.

18.03.1997
VfB Stuttgart

Länderspiele: 15
Tore: 1
WM-Teilnahmen: 0

Nathaniel Brown
ABWEHR

Der Linksverteidiger erlebte in den vergangenen Jahren einen kometenhaften Aufstieg. Spielte mit 19 noch in der Regionalliga Bayern, setzte sich mit 20 beim 1. FC Nürnberg in der Zweiten Bundesliga durch und avancierte mit 21 sofort zum Stammspieler bei Eintracht Frankfurt. Glänzt mit Schnelligkeit und Offensivdrang, verbessert sich auch defensiv stetig.

16.06.2003
Eintracht Frankfurt

Länderspiele: 2
Tore: 0
WM-Teilnahmen: 0

Jonathan Tah
ABWEHR

Stand schon als 20-Jähriger im deutschen Kader für die EM 2016, erlebte in der Folge aber auch etliche Tiefen. Zwischenzeitlich nur eine Randfigur im Team, zählt er nun schon seit zwei Jahren zu den Leistungsträgern des DFB-Teams. Beim FC Bayern ist der Innenverteidiger seit seinem Sommerwechsel ein Muster an Konstanz.

11.02.1996
FC Bayern München

Länderspiele: 43
Tore: 0
WM-Teilnahmen: 1

Antonio Rüdiger
ABWEHR

Niemand in dieser Mannschaft polarisiert so sehr wie der Abwehrspieler von Real Madrid. Seine hohe Einsatzbereitschaft, Aggressivität und Zweikampfstärke machen ihn zu einem emotionalen Anführer, auch spielerisch hat sich der Ex-Stuttgarter über die Jahre weiterentwickelt. Doch auch kopflose Aktionen und Ausraster gehören zu seinem Portfolio.

03.03.1993
Real Madrid

Länderspiele: 81
Tore: 3
WM-Teilnahmen: 2

Waldemar Anton
ABWEHR

Wenn ein Innenverteidiger nicht auffällt, ist das oft ein gutes Zeichen. Der 29-Jährige gehört zu der Kategorie Spieler, die ohne großen Glanz, aber mit hoher Effizienz ihren Job erledigen. Anton überzeugt mit seiner Kopfballstärke und Abgeklärtheit. Beim BVB Leistungsträger, in der Nationalmannschaft zuverlässiger Ergänzungsspieler.

20.07.1996
Borussia Dortmund

Länderspiele: 12
Tore: 0
WM-Teilnahmen: 0

Robin Koch
ABWEHR

Der Sohn von FCK-Legende Harry Koch feierte mit 23 Jahren sein Debüt für die DFB-Auswahl, geriet dann aber während seiner Zeit bei Leeds United in Vergessenheit. Nach seinem Wechsel zurück in die Bundesliga zu Eintracht Frankfurt reifte er zu einem der besten deutschen Innenverteidiger heran. In dieser Saison fehlt ihm bislang die Konstanz.

17.07.1996
Eintracht Frankfurt

Länderspiele: 15
Tore: 0
WM-Teilnahmen: 0

Ridle Baku
ABWEHR

Vier Jahre lang war der Rechtsverteidiger bei der Nationalmannschaft komplett außen vor gewesen, ehe er im Oktober 2025 erstmals wieder nominiert wurde. Bei RB Leipzig überzeugt der 27-Jährige in dieser Saison mit konstant starken Leistungen und revitalisierte damit seine ins Stocken geratene Karriere. Ist vor allem für seine Schnelligkeit bekannt.

08.04.1998
RB Leipzig

Länderspiele: 8
Tore: 2
WM-Teilnahmen: 0

Joshua Kimmich
ABWEHR

Beim FC Bayern absolviert er bis dato eine herausragende Saison im defensiven Mittelfeld, in der Nationalmannschaft wird er aber meist als Rechtsverteidiger benötigt. Avancierte nach der EM 2024 zum Kapitän des DFB-Teams und blüht in dieser Rolle auf. Verbindet Führungsqualitäten und Zweikampfstärke mit einem ausgeprägten Offensivdrang.

08.02.1995
FC Bayern München

Länderspiele: 106
Tore: 10
WM-Teilnahmen: 2

Nico Schlotterbeck
ABWEHR

Er ist schnell, zweikampfstark und hat herausragende Fähigkeiten in der Spieleröffnung. Man lehnt sich nicht zu weit aus dem Fenster, wenn man Schlotterbeck als den am höchsten veranlagten deutschen Innenverteidiger bezeichnet. Früher war der 26-Jährige aber auch immer wieder für kapitale Aussetzer gut. In dieser Saison bislang rundum überzeugend.

01.12.1999
Borussia Dortmund

Länderspiele: 23
Tore: 0
WM-Teilnahmen: 1

Aleksandar Pavlović
MITTELFELD

Sein Start in der A-Nationalmannschaft stand unter keinem guten Stern. Verpasste sein avisiertes Länderspieldebüt krankheitsbedingt und musste auf die EM 2024 wegen einer Mandeloperation verzichten. Mittlerweile spielt das 21-jährige Eigengewächs des FC Bayern mit seiner Lauf- und Zweikampfstärke aber eine zunehmend wichtigere Rolle im DFB-Team.

03.05.2004
FC Bayern München

Länderspiele: 9
Tore: 1
WM-Teilnahmen: 0

Robert Andrich
MITTELFELD

Verkörpert den klassischen Spätzünder. Arbeitete sich aus der Regionalliga Nordost Stück für Stück nach oben. Bundesliga-Debüt mit 25, erstes Länderspiel mit 29. Spielte bei der EM 2024 eine tragende Rolle, blieb in der DFB-Auswahl zuletzt aber außen vor – auch weil er bei Bayer Leverkusen nach schwankenden Leistungen nicht mehr unumstritten ist.

22.09.1994
Bayer Leverkusen

Länderspiele: 19
Tore: 0
WM-Teilnahmen: 0

Leon Goretzka
MITTELFELD

Lange ging es für den gebürtigen Bochumer nur bergauf. Über Schalke fand er mit 23 Jahren den Weg zum FC Bayern, wo er als zentraler Mittelfeldspieler auf Anhieb mit seiner Dynamik und Torgefahr überzeugte. Stürzte nach der WM 2022 aber in eine Form- und Identitätskrise und verpasste die EM 2024. Hat sich mittlerweile eindrucksvoll zurückgekämpft.

06.02.1995
FC Bayern München

Länderspiele: 67
Tore: 15
WM-Teilnahmen: 2

Angelo Stiller
MITTELFELD

Der Höhenflug des VfB Stuttgart in den vergangenen beiden Jahren ist eng mit dem Mittelfeldspieler verknüpft. Der 24-Jährige glänzt in der Schaltzentrale des VfB mit hohem Spielverständnis und starker Übersicht. Feierte nach der EM 2024 sein Länderspieldebüt, hat auf seiner Position aber viel Konkurrenz und absolvierte nur ein WM-Qualifikationsspiel.

04.04.2001
VfB Stuttgart

Länderspiele: 5
Tore: 0
WM-Teilnahmen: 0

Felix Nmecha
MITTELFELD

Galt nach seinem Sommerwechsel 2023 aus Wolfsburg in Dortmund schon als teures Missverständnis, kam beim BVB nach einer schwachen Debütsaison aber immer besser in Fahrt und ist im zentralen Mittelfeld inzwischen gesetzt. Seine Größe, Schnelligkeit und Zweikampfstärke machen ihn auch für das DFB-Team attraktiv. Aktuell nur Ergänzungsspieler.

10.10.2000
Borussia Dortmund

Länderspiele: 6
Tore: 1
WM-Teilnahmen: 0

Pascal Groß
MITTELFELD

Ihm haftete lange der Ruf des Übersehenen an. Trotz herausragender Leistungen in der Premier League bei Brighton & Hove Albion musste der ballsichere Mittelfeldspieler erst 32 Jahre alt werden, um erstmals für die DFB-Auswahl berücksichtigt zu werden. Überzeugt mit Technik und Spielverständnis, seine Tempodefizite trüben jedoch die WM-Aussichten.

15.06.1991
Borussia Dortmund

Länderspiele: 16
Tore: 1
WM-Teilnahmen: 0

Serge Gnabry
MITTELFELD

Geriet nach einer von Verletzungen dominierten Saison 2023/24 und dem Verpassen der EM 2024 beinahe schon in Vergessenheit, ehe er sich in der WM-Qualifikation wieder in den Vordergrund spielte. Rückte dabei von der Außenbahn ins offensive Mittelfeld. Glänzt auch mit 30 Jahren immer noch mit seiner Dribbelstärke und seinem starken Abschluss.

14.07.1995
FC Bayern München

Länderspiele: 57
Tore: 25
WM-Teilnahmen: 1

Jamie Leweling
MITTELFELD

Die Vielseitigkeit ist der größte Trumpf des Stuttgarters. Kann beide Außenbahnen bekleiden, aber auch als hängende Spitze auflaufen. Besticht mit körperlicher Robustheit, Geradlinigkeit und einem starken Abschluss. Spielte in der WM-Qualifikation gegen Nordirland erstmals 90 Minuten durch, dürfte bei der WM aber eher von der Bank kommen.

26.02.2001
VfB Stuttgart

Länderspiele: 4
Tore: 1
WM-Teilnahmen: 0

Jamal Musiala
MITTELFELD

Der grazile Mittelfeldspieler ist ein Ausnahmetalent: Technisch herausragend, wendig, dribbelstark. Eroberte die Bundesliga im Sturm und avancierte spätestens bei der EM 2024 auch in der Nationalmannschaft zum Dreh- und Angelpunkt der Offensive. Zog sich bei der Klub-WM im Juli 2025 einen Wadenbeinbruch zu, sollte zur WM 2026 aber wieder in Topform sein.

26.02.2003
FC Bayern München

Länderspiele: 40
Tore: 8
WM-Teilnahmen: 1

Florian Wirtz
MITTELFELD

Der zweitjüngste Torschütze der Bundesliga-Geschichte ist ein steter Unruheherd in der Offensive, weil er im Passspiel wie im Abschluss gleichermaßen stark ist. Bildet in der DFB-Auswahl ein kongeniales Duo mit dem gleichaltrigen Musiala. Hatte nach seinem Wechsel von Leverkusen nach Liverpool allerdings mit erheblichen Startschwierigkeiten zu kämpfen.

03.05.2003
FC Liverpool

Länderspiele: 37
Tore: 8
WM-Teilnahmen: 0

Nadiem Amiri
MITTELFELD

Der offensive Mittelfeldspieler erlebte schon viele Höhen und Tiefen. Debütierte mit 22 in der Nationalmannschaft und war später fünf Jahre lang komplett raus. Brachte seine Karriere erst mit dem Wechsel nach Mainz wieder in Schwung und erzielte im September gegen Nordirland sein erstes Länderspieltor. Gilt als exzellenter Freistoßschütze.

27.10.1996
FSV Mainz 05

Länderspiele: 9
Tore: 1
WM-Teilnahmen: 0

Leroy Sané
MITTELFELD

Der hochbegabte Tempodribbler muss sich immer wieder den Vorwurf gefallen lassen, nicht das Maximum aus seinen Möglichkeiten herausgeholt zu haben. Erzielte in großen Turnieren noch kein Tor für die DFB-Elf und war nach seinem Sommerwechsel zu Galatasaray Istanbul zunächst außen vor. Für die letzten beiden WM-Qualifikationsspiele wieder berücksichtigt.

11.01.1996
Galatasaray Istanbul

Länderspiele: 72
Tore: 16
WM-Teilnahmen: 1

Karim Adeyemi
MITTELFELD

An guten Tagen war der Dortmunder dank seiner schieren Dynamik nicht zu stoppen, an schlechten Tagen trieb er die BVB-Fans mit seiner nonchalanten Art zur Verzweiflung. Mittlerweile ist der Instinktfußballer spürbar reifer geworden, was ihn auch für die DFB-Auswahl wieder interessant gemacht hat. War zuletzt auf Rechtsaußen sogar gesetzt.

18.01.2002
Borussia Dortmund

Länderspiele: 11
Tore: 1
WM-Teilnahmen: 1

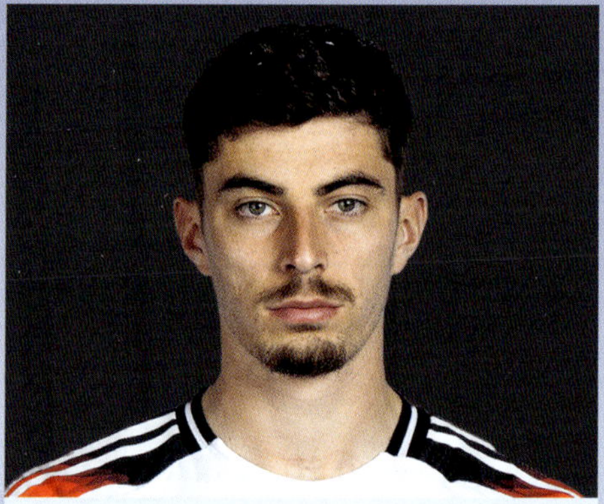

Kai Havertz
ANGRIFF

Schon mit 17 Jahren avancierte er bei Bayer Leverkusen zum Stammspieler, mit 19 folgte das Länderspieldebüt in der A-Nationalmannschaft. 2020 zahlte der FC Chelsea für ihn eine Ablösesumme von 100 Millionen Euro. Den hohen Erwartungen wurde er seitdem nicht immer gerecht. In der DFB-Elf, wo er eine Wandlung zum Mittelstürmer durchlief, ist er meist gesetzt.

11.06.1999
FC Arsenal

Länderspiele: 55
Tore: 20
WM-Teilnahmen: 1

Jonathan Burkardt
ANGRIFF

Reifte in Mainz zu einem der besten Mittelstürmer der Bundesliga heran und knüpft nach seinem Sommerwechsel in Frankfurt nahtlos daran an. Musste sich auch aufgrund von Verletzungen aber lange gedulden, ehe er im Oktober 2024 erstmals für die DFB-Auswahl auflaufen durfte. Sein herausragendes Pressingverhalten hebt ihn von den anderen deutschen Stürmern ab.

11.07.2000
Eintracht Frankfurt

Länderspiele: 5
Tore: 0
WM-Teilnahmen: 0

Nick Woltemade
ANGRIFF

Der 23-Jährige ist einer der spannendsten Stürmer Europas, weil er bei einer Körpergröße von fast zwei Metern eine absurd gute Ballbehandlung mitbringt. Spielte mit 21 noch in der Dritten Liga und legte seitdem einen kometenhaften Aufstieg hin, der ihn im Sommer in die Premier League spülte. Erzielte beim 1:0 in Nordirland sein erstes Länderspieltor.

14.02.2002
Newcastle United

Länderspiele: 8
Tore: 4
WM-Teilnahmen: 0

Tim Kleindienst
ANGRIFF

Der 30-Jährige ist das beste Beispiel dafür, dass sich Fleiß und Beharrlichkeit irgendwann auszahlen. Schaffte erst mit 28 den Durchbruch in der Bundesliga, avancierte aber sofort zu einem Top-Torjäger. Mit seiner Kopfballstärke und seinem starken Antizipationsvermögen schlug er auch in der DFB-Auswahl sofort ein, ehe ihn eine Meniskusverletzung stoppte.

31.08.1995
Borussia Mönchengladbach

Länderspiele: 6
Tore: 4
WM-Teilnahmen: 0

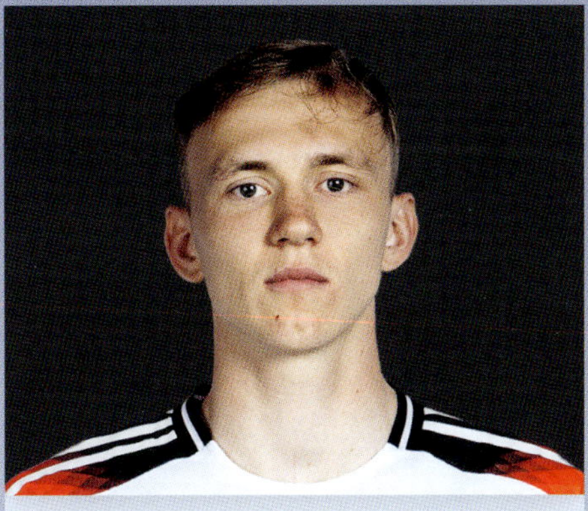

Maximilian Beier
ANGRIFF

Feierte als 21-Jähriger mit 16 Saisontoren für Hoffenheim den Durchbruch in der Bundesliga, was sofort Borussia Dortmund auf den Plan rief. Beim BVB konnte der variabel einsetzbare und sprintstarke Stürmer den hohen Erwartungen aber noch nicht dauerhaft gerecht werden. Wartet in der Nationalmannschaft auf sein Tordebüt. Für die WM ein Wackelkandidat.

17.10.2002
Borussia Dortmund

Länderspiele: 7
Tore: 0
WM-Teilnahmen: 0

ERSTER GEGNER: CURAÇAO

DAS KLEINSTE LAND DER WM-GESCHICHTE

Curaçao, eine niederländische Karibikinsel, ist für ihre Strandbuchten und weitläufigen Korallenriffe bekannt, schreibt die Enzyklopädie Wikipedia. Seit dem 18. November 2025 ist sie dies auch für ihre Fußballer. Durch ein 0:0 auf Jamaika lösten die Insulaner das Ticket zur WM: ungeschlagen, als einer von drei Gruppenersten der Nord- und Mittelamerikaqualifikation. Gemessen an der Einwohnerzahl (knapp über 150 000) ist Curaçao das kleinste Land in der fast 100-jährigen WM-Geschichte.

Erst seit der Auflösung des politischen Gebildes der Niederländischen Antillen 2010 ist Curaçao ein – ganz korrekt – autonomes Land innerhalb des Königreichs der Niederlande. 2011 absolvierte die Nationalmannschaft ihr erstes Länderspiel. Die ersten Jahre verliefen organisatorisch katastrophal und sportlich erfolgslos. 2024 trat Weltenbummler Dick Advocaat den Posten des Nationaltrainers an. In Deutschland bekannt ist der Niederländer durch sein kurzes Gastspiel bei Borussia Mönchengladbach in der Saison 2004/05. Advocaat wurde zu Curaçaos Liebling, mit ihm kam der Erfolg. Alle Spieler wurden in den Niederlanden geboren, der bekannteste ist Offensivmann Tahith Chong vom englischen Drittligisten Luton Town, in der Saison 2020/21 bei Werder Bremen in der Bundesliga tätig.

FAKTEN & ZAHLEN

Hauptstadt: Willemstad
Einwohner: 0,15 Millionen

WM-Endrundenteilnahmen: –
Rekordnationalspieler:
Leandro Bacuna (66)
Rekordtorschütze: Rangelo Janga (21)
FIFA-Weltrangliste: 82.

ZWEITER GEGNER: ELFENBEINKÜSTE

NEUE HELDEN GESUCHT

Es ist noch nicht allzu lang her, da galt die Elfenbeinküste als spannendste Fußballnation Afrikas. Sie hatte gleich mehrere Spieler zu bieten, die in europäischen Topklubs prominente Rollen spielten. Kolo Touré entwickelte sich in den 2000er-Jahren beim FC Arsenal zu einem der besten Innenverteidiger der Premier League. Beim Lokalrivalen FC Chelsea bildeten der pfeilschnelle Salomon Kalou und der kopfballstarke Torjäger Didier Drogba ein dynamisches Duo. Und im Mittelfeld zog Yaya Touré die Fäden, der sowohl beim FC Barcelona als auch bei Manchester City nachhaltig Spuren hinterließ. Im Rückblick muss sich diese goldene Generation der Ivorer aber den Vorwurf gefallen lassen, ihr großes Versprechen nicht eingelöst zu haben. Zwar qualifizierten sich die Westafrikaner zwischen 2006 und 2014 dreimal nacheinander für die Weltmeisterschaft, schieden aber jeweils in der Vorrunde aus. Nach dem Karriereende ihrer Topspieler durchschritt die Elfenbeinküste eine Talsohle, befreite sich daraus zuletzt aber eindrucksvoll und gewann 2024 den Afrika-Cup.

In der WM-Qualifikation brachten die Ivorer das Kunststück fertig, in zehn Partien ohne Gegentor zu bleiben. Trainer Emerse Faé nimmt die WM 2026 mit einem jungen und ausgeglichenen Kader in Angriff, zu dem auch das 19-jährige Supertalent Yan Diomande von RB Leipzig zählt.

FAKTEN & ZAHLEN

Hauptstadt: Yamoussoukro
Einwohner: 31,9 Millionen

WM-Endrundenteilnahmen: 3
Größter WM-Erfolg: –
Rekordnationalspieler:
Didier Zokora (123)
Rekordtorschütze: Didier Drogba (65)
FIFA-Weltrangliste: 42.

DRITTER GEGNER: ECUADOR

DIE MAUER DER TRÄUME

Ecuador wuchert mit beeindruckenden Naturlandschaften. Dazu gehören auch zahlreiche Berge in den Anden, die die Zugspitze im Vergleich wie eine kleine Anhöhe erscheinen lassen. Als nahezu unüberwindbar gilt in Ecuador aber kein Berg, sondern: Die Defensive der Nationalmannschaft. In 18 WM-Qualifikationsspielen kassierte „La Tri" ganze fünf Gegentore. Nicht, weil der Mannschaftsbus vor dem eigenen Tor geparkt hätte, sondern weil zwei aus der Bundesliga bekannte Profis in die Rolle von Türstehern schlüpften. Piero Hincapié (23), der im vergangenen Sommer von Bayer Leverkusen nach England zum FC Arsenal wechselte, und der Ex-Frankfurter Willian Pacho (24, Paris Saint-Germain) bildeten zusammen mit dem bei europäischen Top-Klubs heiß begehrten Joel Ordóñez (21, Club Brügge) den stärksten Abwehrblock Lateinamerikas. Dass Ecuador in der WM-Qualifikation selbst nur 14 Treffer erzielte, fiel angesichts der defensiven Dominanz kaum ins Gewicht. Am Ende landete das Team von Trainer Sebastián Beccacece hinter Argentinien auf Platz zwei – und das, obwohl ihm vor dem Start der WM-Quali drei Punkte abgezogen worden waren. Bei der Einbürgerung von Außenverteidiger Byron Castillo hatte der Verband gefälschte Dokumente vorgelegt. Lange Zeit hatte „La Tri" in Südamerika nur eine Nebenrolle gespielt. Es dauerte bis zum Jahr 2002, ehe sich Ecuador erstmals für eine Weltmeisterschaft qualifizierte. Bei der WM 2006

DER STAR: MOISÉS CAICEDO

Nach einer weiteren Galavorstellung von Moisés Caicedo legte sich Jamie Redknapp vor einem Millionenpublikum fest. „Er ist derzeit der beste defensive Mittelfeldspieler der Welt", sagte der ehemalige englische Nationalspieler und heutige Experte beim TV-Sender *Sky Sports* über Caicedo, nachdem dieser Anfang November mit dem FC Chelsea beim Lokalrivalen Tottenham Hotspur knapp mit 1:0 gewonnen hatte. Dabei dominierte der 24-Jährige im Mittelfeld als unermüdlicher Abfangjäger und aggressiver Balleroberer. Den Spurs-Spielern muss es vorgekommen sein, als seien sie gegen eine Mauer angerannt. Caicedo galt in Ecuador schon früh als Ausnahmetalent und brachte seinem Heimatklub Independiente del Valle schon als 19-Jähriger eine stattliche Ablösesumme von über 28 Millionen Euro ein. In Brighton benötigte er ein wenig Anlaufzeit, überzeugte in seiner ersten vollen Saison bei den Seagulls aber derart, dass der FC Chelsea im Sommer 2023 die damals aberwitzig erscheinende Summe von 116 Millionen Euro auf den Tisch legte, um Caicedo nach London zu lotsen. Mittlerweile sind die kritischen Stimmen längst verstummt. Mit seiner Physis, Ausdauer und enormen Zweikampfstärke ist er einer der Schlüsselspieler beim FC Chelsea. In dieser Saison beweist er zudem, dass mehr in ihm steckt als nur ein reiner Zerstörer. An den ersten sieben Spieltagen in der Premier League gelangen ihm drei Tore – so viele wie in 110 Ligaspielen zuvor. Für Ecuador kommt er bislang auf drei Tore in 58 Länderspielen. Sein Fokus liegt gleichwohl auch in der Nationalmannschaft auf dem Toreverhindern. Bleibt Caicedo fit, dürfte Ecuadors Gegnern bei der WM eine unangenehme Zeit bevorstehen.

in Deutschland überstand man zum bislang einzigen Mal die Vorrunde, ehe im Achtelfinale mit 0:1 das Aus gegen England folgte. Bei der WM 2022 in Katar hatten die Ecuadorianer die K.-o.-Runde bereits dicht vor Augen, vergaben aber diese Chance durch eine überraschende 1:2-Niederlage im letzten Gruppenspiel gegen Senegal. Im kommenden Sommer ist Ecuador eine stärkere Rolle zuzutrauen. Für Zuversicht sorgen nicht nur die jungen Verteidiger, sondern auch die Evolution von Mittelfeldspieler Moisés Caicedo, der dem FC Chelsea eine Ablösesumme von 116 Millionen Euro wert war. In der Offensive ruhen die Hoffnungen auf Routinier Enner Valencia und dem hoch veranlagten 18-jährigen Kendry Páez.

FAKTEN & ZAHLEN

Hauptstadt: Quito
Einwohner: 18,1 Millionen

WM-Endrundenteilnahmen: 4
Größter WM-Erfolg: Achtelfinale (2006)
Rekordnationalspieler: Iván Hurtado (168)
Rekordtorschütze: Enner Valencia (47)
FIFA-Weltrangliste: 23.

GRUPPE A

Das Eröffnungsspiel am 11. Juni im Aztekenstadion in Mexiko-Stadt ist das gleiche wie bei der WM 2010, nur in vertauschten Rollen: Mexiko, diesmal als Gastgeber, trifft auf Südafrika. Damals trennten sich beide Teams in Johannesburg 1:1. Alles andere als der Gruppensieg und der Einzug in die K.-o.-Phase wäre für die Lateinamerikaner vor heimischem Publikum eine herbe Enttäuschung. Die Südkoreaner, die sich souverän für die WM qualifizierten, könnten ihnen in dieser Hinsicht einen Strich durch die Rechnung machen. Ebenso wie die vierte Mannschaft, die bei den europäischen Playoffs Ende März 2026 ermittelt und Dänemark, Nordmazedonien, Tschechien oder Irland heißen wird. Ausgetragen werden die sechs Spiele in Gruppe A in den drei mexikanischen Spielorten Mexiko-Stadt, Monterrey und Guadalajara sowie in Atlanta im Südosten der USA.

Donnerstag, 11. Juni				
Mexiko	–	**Südafrika**	21 Uhr	Mexiko-Stadt
Freitag, 12. Juni				
Südkorea	–	**Sieger Playoff 6**	4 Uhr	Guadalajara
Donnerstag, 18. Juni				
Sieger Playoff 6	–	**Südafrika**	18 Uhr	Atlanta
Freitag, 19. Juni				
Mexiko	–	**Südkorea**	3 Uhr	Guadalajara
Donnerstag, 25. Juni				
Sieger Playoff 6	–	**Mexiko**	3 Uhr	Mexiko-Stadt
Südafrika	–	**Südkorea**	3 Uhr	Monterrey

GRUPPE A: MEXIKO

TRAINER ALS HOFFNUNGSTRÄGER

Mit 13 Titeln ist Mexiko der Rekordsieger des CONCACAF Gold Cup, der Kontinentalmeisterschaft Nord- und Mittelamerikas. Beim Turnier 2025 in den USA blieb „El Tri“, wie die Auswahl in Anlehnung an die dreifarbige Landesflagge genannt wird, in allen sechs Spielen ungeschlagen, im Finale setzte sie sich mit 2:1 gegen die Gastgeber durch. Auf der großen Fußballbühne warten die Mexikaner aber noch immer auf den Durchbruch. Bereits 17 Mal waren sie bei einer Weltmeisterschaft dabei, doch nur zweimal erreichten sie das Viertelfinale: bei den Heimturnieren 1970 und 1986. Zwischen 1994 und 2018 schieden sie siebenmal hintereinander im Achtelfinale aus, 2022 schon nach der Vorrunde. Auch der „goldenen Generation“, die mit dem Olympiasieg 2012 in London große Erwartungen weckte, blieb der nachhaltige Erfolg verwehrt. Mit 27 WM-Niederlagen hält der Co-Gastgeber 2026 sogar einen traurigen Rekord. Wenngleich zur Einordnung nicht unerwähnt bleiben darf, dass nur sieben Nationen mehr WM-Spiele absolviert haben als Mexiko (60).

Ihre Hoffnungen beim Heimturnier verbinden die Lateinamerikaner mit Javier Aguirre. Der 67 Jahre alte Ex-Nationalspieler ist der renommierteste Trainer des fußballverrückten Landes, 2024 übernahm er bereits zum dritten Mal das Nationalteam. Vor den Weltmeisterschaften 2002 und 2010 war er als „Feuerwehrmann“ eingesprungen, als die

DER STAR: RAÚL JIMÉNEZ

Die WM wird der Höhepunkt und zugleich die Abschiedsvorstellung von Raúl Jiménez in der Nationalmannschaft. Der Englandlegionär des FC Fulham wird dann bereits 35 Jahre alt sein. Seit 2014 spielt Jiménez in Europa: anfangs bei Atlético Madrid und Benfica Lissabon, seit 2018 auf der Insel. 2023 zog er nach fünf Jahren bei den Wolverhampton Wanderers zum Londoner Stadtteilklub weiter. In seinen ersten 200 Premier-League-Spielen gelangen dem körperlich robusten Mittelstürmer 59 Tore, in der ewigen Torschützenliste der mexikanischen Nationalmannschaft liegt er mit 43 Treffern auf Platz drei, der zweite ist in Sichtweite. Es wären sicherlich noch einige Tore mehr hinzugekommen, wenn ihn ein Schädelbruch Ende 2020 nicht zu einer neunmonatigen Pause gezwungen hätte. Nach einem Zusammenprall mit einem Gegenspieler war Jiménez bewusstlos und blutüberströmt auf dem Rasen liegen geblieben und musste anschließend notoperiert werden. Seit seinem Comeback läuft der Mittelstürmer mit einem speziell angefertigten Kopfband auf, um die verletzte Schädelpartie zu schützen. Seine einstige Kopfballstärke hat er nach dem Unfall eingebüßt Jiménez ist der einzig verbliebene Leistungsträger aus der „goldenen Generation", die den hohen Erwartungen nach dem Olympiasieg 2012 in London bei den folgenden drei Weltmeisterschaften nicht gerecht werden konnte. In Interviews bezeichnete er die Heim-WM 2026 deswegen als letzte Gelegenheit zur Wiedergutmachung. Nach dem Turnier will der Stürmerstar seine Karriere in der Nationalmannschaft und in Europa beenden und zu seinem Heimatklub Club América nach Mexiko-Stadt zurückkehren.

Qualifikation in Gefahr geraten war. Bei den Turnieren führte er „El Tri" dann ins Achtelfinale. Diesmal ist das Team als Co-Gastgeber automatisch dabei, Aguirre hat zwei Jahre Zeit zur Vorbereitung. Als Assistenten holte er das nationale Fußballidol Rafael Márquez an seine Seite. Der langjährige Profi des FC Barcelona gilt auch als sein potenzieller Nachfolger. Aguirre und Márquez legen Wert auf eine stabile Abwehr. Die Defensivspezialisten Edson Álvarez (Fenerbahçe Istanbul), Johan Vásquez (FC Genua) und César Montes (Lok Moskau) bilden das Rückgrat des Teams. Beim CONCACAF Gold Cup 2025 kassierte Mexiko in sechs Spielen nur drei Gegentore.

FAKTEN & ZAHLEN

Hauptstadt: Mexiko-Stadt
Einwohner: 131 Millionen

WM-Endrundenteilnahmen: 17
Größte WM-Erfolge:
Viertelfinale (1970, 1986)
Rekordnationalspieler:
Andrés Guardado (180)
Rekordtorschütze:
Javier Hernández (52)
FIFA-Weltrangliste: 15.

GRUPPE A: SÜDAFRIKA

GEGEN ALLE WIDERSTÄNDE

Das Drehbuch könnte aus Hollywood stammen. Ein belächelter Außenseiter wächst über sich hinaus, nur um dann eine schwere Krise zu erleben, aus der er sich im letzten Moment doch noch befreien kann. Für Südafrika endete eine dramatische WM-Qualifikation am 14. Oktober mit einem Happy End. Ein 3:0-Heimsieg gegen Ruanda brachte dem Team des belgischen Trainers Hugo Broos das Ticket für die WM 2026 ein, weil Konkurrent Benin zeitgleich in Nigeria mit 0:4 verlor. Während Südafrika erstmals seit 16 Jahren auf die große Bühne zurückkehren wird, wurde Benin der Traum vom WM-Debüt entrissen. Aus südafrikanischer Sicht wäre dieses Herzschlagfinale gleichwohl vermeidbar gewesen, hätte man knapp sieben Monate zuvor beim Heimspiel gegen Lesotho ein bisschen genauer hingeschaut. Zwar feierten die Südafrikaner einen souveränen 2:0-Sieg, setzten dabei aber in Teboho Mokoena einen Spieler ein, der aufgrund einer Gelbsperre nicht spielberechtigt gewesen war. Die Partie wurde hinterher mit 3:0 für Lesotho gewertet, Südafrikas Punkte waren futsch. Dass sich die „Bafana Bafana" am Ende doch gegen Benin und den Gruppenfavoriten Nigeria durchsetzten, kam durchaus überraschend. Das Gros des Teams spielt in der heimischen Liga. Den höchsten Marktwert hat Stürmer Lyle Foster vom Premier-League-Klub FC Burnley.

FAKTEN & ZAHLEN

SOUTH AFRICAN FOOTBALL ASSOCIATION

Hauptstädte: Pretoria, Kapstadt, Bloemfontein
Einwohner: 64,7 Millionen

WM-Endrundenteilnahmen: 3
Größter WM-Erfolg: –
Rekordnationalspieler: Aaron Mokoena (107)
Rekordtorschütze: Benni McCarthy (32)
FIFA-Weltrangliste: 61.

GRUPPE A: SÜDKOREA

STAMMGAST MIT REKORDMANN

Die beiden größten Fußballer, die dieses Land hervorgebracht hat, standen beisammen und lächelten einander an. Der Ex-Rekordnationalspieler, 72 Jahre alt, überreichte dem neuen Rekordnationalspieler, 33 Jahre jung, ein eingerahmtes Trikot mit der Nummer 137. Am 10. Oktober 2025 überflügelte der langjährige Tottenham-Star Son Heung-min seinen Vorgänger Cha Bum-kun, der es auf 136 Länderspiele für Südkorea gebracht hatte. Es wird vermutlich nicht der einzige Rekord bleiben, den Cha Bum-kun an Son Heung-min verlieren wird. Fünf Treffer fehlen dem Jüngeren noch zum Titel des Rekordtorschützen. Beide Nationalhelden stürmten einst in der Bundesliga für Bayer Leverkusen, doch während Son Heung-min 2026 bereits seine vierte Weltmeisterschaft absolvieren wird, kam Cha Bum-kun nur bei der WM 1986 zum Einsatz. Seitdem sind die Südkoreaner Stammgast bei Weltmeisterschaften. Bei der Heim-WM 2002 gelang mit dem Einzug ins Halbfinale der größte Erfolg. Dort traf Michael Ballack zum 1:0-Sieg für die DFB-Elf. Für die WM 2026 qualifizierten sich die Ostasiaten ohne große Mühe und blieben in 16 Partien ohne Niederlage. Mit zehn Toren ging Kapitän Son Heung-min einmal mehr voran. Aus der Bundesliga zählen Min-jae Kim (FC Bayern München), Jens Castrop (Borussia Mönchengladbach) und Lee Jae-sung (FSV Mainz 05) zum südkoreanischen Aufgebot.

FAKTEN & ZAHLEN

Hauptstadt: Seoul
Einwohner: 51,7 Millionen

WM-Endrundenteilnahmen: 11
Größter WM-Erfolg:
Halbfinale (2002)
Rekordnationalspieler:
Son Heung-min (141)
Rekordtorschütze: Cha Bum-kun (58)
FIFA-Weltrangliste: 22.

KOREA

GRUPPE B

Auch Gruppe B mit Co-Gastgeber Kanada besteht vorerst nur aus drei Mannschaften. Die vierte wird bei den europäischen Playoffs Ende März 2026 ermittelt. Sollte sich der viermalige Weltmeister Italien gegen Nordirland und den Sieger aus Wales gegen Bosnien und Herzegowina durchsetzen, würden sich die Kräfteverhältnisse verschieben. Bislang geht die Schweiz als Favorit an den Start. Trainer Murat Yakin stehen zahlreiche Legionäre aus den Top-Ligen Europas zur Verfügung. Zu den bekanntesten zählen der langjährige Bundesligaprofi und Kapitän Granit Xhaka sowie Jungstar Dan Ndoye aus der Premier League. Für die Kanadier ist vor heimischem Publikum der erste WM-Sieg überhaupt und der Einzug in die K.-o.-Runde möglich. Die Kataris, Gastgeber der WM 2022, gelten als krasser Außenseiter. Abgesehen vom Auftaktspiel der Gastgeber in Toronto finden alle Spiele an der Westküste Kanadas und der USA statt.

Freitag, 12. Juni

Kanada	–	**Sieger Playoff 3**	21 Uhr	Toronto

Samstag, 13. Juni

Katar	–	**Schweiz**	21 Uhr	San Francisco

Donnerstag, 18. Juni

Schweiz	–	**Sieger Playoff 3**	21 Uhr	Los Angeles

Freitag, 19. Juni

Kanada	–	**Katar**	0 Uhr	Vancouver

Mittwoch, 24. Juni

Schweiz	–	**Kanada**	21 Uhr	Vancouver
Sieger Playoff 3	–	**Katar**	21 Uhr	Seattle

O CANADA
OH BABY!

QATAR

SCHWEIZ

CANADA
ALLEZ LES ROUGES
CANADIAN SOCCER SUPPORTERS

GRUPPE B: KANADA

AUFWÄRTSTREND ODER ZWISCHENHOCH?

1986 in Mexiko mussten sie mit null Punkten und 0:5 Toren nach der Vorrunde die Heimreise antreten. Nur unwesentlich besser lief es 2022 in Katar mit null Punkten und 2:7 Toren. Bei ihrer erst dritten WM-Teilnahme überhaupt wollen die Kanadier 2026 vor heimischem Publikum in Vancouver und Toronto an ihre Erfolge der jüngeren Vergangenheit anknüpfen. Bei der Copa América 2024 und in der CONCACAF Nations League 2024/25 erreichten sie jeweils das Halbfinale, mit Rang 28 in der im September 2025 veröffentlichten FIFA-Weltrangliste stehen sie so gut da wie nie zuvor. Ein nachhaltiger Aufwärtstrend oder doch nur ein kurzes Zwischenhoch? Beim CONCACAF Gold Cup im Sommer 2025, der in den USA und Kanada – parallel zur Klub-WM – ausgetragenen Kontinentalmeisterschaft für Nord- und Mittelamerika, schieden die Co-Gastgeber im Viertelfinale gegen Guatemala mit 6:7 nach Elfmeterschießen aus. Die Gruppenphase hatten sie mit einem furiosen 6:0 gegen Honduras begonnen, ehe sie sich gegen El Salvador zu einem 2:0 quälten und gegen die kleine Karibikinsel Curaçao mit einem 1:1 blamierten. Konstanz fehlt den „Canucks" oder „Les Rouges", wie die Nationalspieler von Fans und Medien genannt werden, also noch immer. Einher geht der Aufwärtstrend (oder das Zwischenhoch?) mit der Verpflichtung von Trainer Jesse Marsch, hierzulande bekannt durch sein kurzes Engagement als Co-Trainer (Saison

DER STAR: ALPHONSO DAVIES

Alphonso Davies ist nicht nur der international bekannteste Spieler der kanadischen Nationalmannschaft. Mit gerade einmal 25 Jahren ist der Linksverteidiger des FC Bayern München auch schon der erfolgreichste Spieler der kanadischen Fußballgeschichte. Kein anderer Profi aus dem Land des Co-Gastgebers hat jemals auf Vereinsebene so viele große Titel gewonnen: Champions-League-Sieger und Klubweltmeister 2020, dazu sechs Meisterschaften mit dem FC Bayern. Als Investition in die Zukunft war der gebürtige Liberianer im November 2018 für 14 Millionen Euro Ablöse von den Vancouver Whitecaps nach München gewechselt (zu diesem Zeitpunkt MLS-Rekordtransfer). Erst ein Jahr zuvor hatte er die kanadische Staatsbürgerschaft erhalten. Bayern-Trainer Niko Kovač schulte ihn vom Angreifer zum offensiven Außenverteidiger um. Längst gilt Davies auf dieser Position aufgrund seiner Schnelligkeit, seiner Dribbelstärke und seiner Torgefährlichkeit als einer der besten Spieler weltweit. Im Februar 2025 verlängerte er seinen Vertrag beim deutschen Rekordmeister langfristig um weitere fünf Jahre. Für die Nationalmannschaft erzielte er 2022 in Katar das erste WM-Tor überhaupt. Vor der Copa América 2024 wurde er zum Mannschaftskapitän ernannt. Die Kanadier stießen ins Halbfinale vor. Davies' Karriere kannte lange nur den Weg nach oben, ehe ihn im März 2025 beim CONCACAF-Nations-League-Spiel gegen die USA ein Kreuzbandriss jäh stoppte. Den Ausfall ihres Starspielers konnten die Ahornblätter beim CONCACAF Gold Cup 2025 nicht kompensieren.

2018/19) und sein noch kürzeres als Cheftrainer (2021) bei RB Leipzig. Im Mai 2024 trat der US-Amerikaner das Amt des Nationaltrainers an. Zu diesem Zeitpunkt rangierte das Team in der Weltrangliste auf Position 49. Ungewöhnlich: Die Besitzer der kanadischen MLS-Klubs Vancouver Whitecaps, Toronto FC und CF Montréal unterstützen den Verband bei der Finanzierung des Trainers. Beim CONCACAF Gold Cup 2025 setzte Marsch auf ein Team aus zwölf MLS-Profis und 13 Europalegionären. In Abwesenheit von Bayern Münchens Alphonso Davies war der im Sommer 2025 vom OSC Lille zu Juventus Turin gewechselte Mittelstürmer Jonathan David der Star des Teams.

FAKTEN & ZAHLEN

Hauptstadt: Ottawa
Einwohner: 41,3 Millionen

WM-Endrundenteilnahmen: 2
Größter WM-Erfolg: –
Rekordnationalspieler:
Atiba Hutchinson (102)
Rekordtorschütze:
Jonathan David (37)
FIFA-Weltrangliste: 27.

CANADA

GRUPPE C: KATAR

ZITTERND ZUR ZWEITEN TEILNAHME

Am 25. November 2022 schrieb Mohammed Muntari Fußballgeschichte. Vier Minuten nach seiner Einwechslung für Rekordnationalspieler Hassan al-Haydos erzielte der hochaufgeschossene Stürmer das erste WM-Tor überhaupt für Katar. Das 1:2 gegen den Senegal blieb der einzige Treffer für den Golfstaat bei diesem Turnier. Doch obwohl der WM-Gastgeber ohne Punktgewinn bereits in der Vorrunde auf der Strecke blieb, überwogen am Ende die positiven Aspekte. Jenseits aller Kritik von außen aufgrund massiver Menschenrechtsverletzungen hatte es Katar geschafft, ein technisch und logistisch sehr gut organisiertes Turnier auf die Beine zu stellen. Dass die Kataris auch bei der WM 2026 dabei sein werden, haben sie der Aufstockung auf 48 Teams zu verdanken. Obwohl sie in der Qualifikation des asiatischen Verbandes in ihrer Gruppe nur Rang vier belegten, erreichten sie die Hoffnungsrunde. Dort sicherten sie sich nach einem 0:0 gegen den Oman dank eines 2:1-Erfolgs gegen die Vereinigten Arabischen Emirate eines der letzten WM-Tickets. Als einer der Architekten des Erfolgs gilt der spanische Trainer Julen Lopetegui, der die Mannschaft erst im Mai 2025 übernommen und deutlich stabilisiert hatte. Im Angriff konnte sich Katar auf Torjäger Almoez Ali verlassen, der in der Qualifikation zwölfmal traf.

FAKTEN & ZAHLEN

Hauptstadt: Doha
Einwohner: 2,8 Millionen

WM-Endrundenteilnahmen: 1
Größter WM-Erfolg: –
Rekordnationalspieler:
Hassan al-Haydos (183)
Rekordtorschütze: Almoez Ali (56)
FIFA-Weltrangliste: 51.

GRUPPE C: SCHWEIZ

DIE GLÄSERNE DECKE

Es hat schon schönere Orte für eine Party gegeben. Im Dauerregen von Priština mühte sich die Schweizer Nationalmannschaft Mitte November zu einem 1:1 gegen den Kosovo und machte damit ihre sechste WM-Teilnahme nacheinander perfekt. Die Eidgenossen spielten in der WM-Qualifikation nicht die Sterne vom Himmel, bauten aber eine eindrucksvolle Serie aus. Seit dem 10. Oktober 2017, als sie mit 0:2 in Portugal verloren, sind sie in WM-Qualifikationsspielen unbesiegt. Im oftmals chaotischen Fußball steht die Schweiz für Berechenbarkeit. Das gilt auch für ihr Abschneiden bei Weltmeisterschaften. Dreimal nacheinander erreichte sie das Achtelfinale. Rechnet man die Europameisterschaften der vergangenen Jahre hinzu, schafften die Eidgenossen in sechs Turnieren nacheinander den Sprung in die K.-o.-Runde. Die Frage, die in der Schweiz lebhafte Diskussionen evoziert, ist die nach dem Leistungsmaximum der „Nati". Hat sie mit den Achtelfinalteilnahmen bei Weltmeisterschaften ihr Potenzial ausgeschöpft? Den Schweizern fehlen die Topstars, doch das Team von Trainer Murat Yakin überzeugt mit Geschlossenheit und taktischer Disziplin. Herzstück ist immer noch Mittelfeldspieler Granit Xhaka (33), einer von etlichen ehemaligen oder aktuellen Bundesligaprofis im Kader. Gregor Kobel von Borussia Dortmund zählt zu den besten Torhütern Europas.

FAKTEN & ZAHLEN

Hauptstadt: Bern
Einwohner: 9,1 Millionen

WM-Endrundenteilnahmen: 12
Größte WM-Erfolge: Viertelfinale (1934, 1938, 1954)
Rekordnationalspieler: Granit Xhaka (143)
Rekordtorschütze: Alexander Frei (42)
FIFA-Weltrangliste: 17.

GRUPPE C

Das erste Duell in Gruppe C bestreiten am Samstag, 13. Juni gleich die vermeintlichen Favoriten. Rekordweltmeister Brasilien bekommt es dabei mit Marokko zu tun, das 2022 in Katar sensationell das Halbfinale erreicht hatte. Die „Seleção" gilt als Favorit auf den Gruppensieg, wird nach einer durchwachsenen Qualifikation in der Heimat allerdings kritisch beäugt. Der renommierte Trainer Carlo Ancelotti hat die Aufgabe übernommen, aus starken Individualisten eine Einheit zu formen. Die Marokkaner wollen beweisen, dass ihr Siegeszug bei der WM 2022 keine Eintagsfliege gewesen ist. Schottland ließ in der Qualifikation etwas überraschend Dänemark hinter sich und visiert bei seiner ersten WM-Teilnahme seit 1998 das Erreichen der K.-o.-Runde an. Als krasser Außenseiter startet Haiti ins Turnier, das sich letztmals 1974 in Deutschland auf der größten Bühne präsentieren durfte. Die US-Ostküste ist die Heimat der Gruppe C.

Sonntag, 14. Juni

Brasilien	–	**Marokko**	0 Uhr	New Y./New J.
Haiti	–	**Schottland**	3 Uhr	Boston

Samstag, 20. Juni

Schottland	–	**Marokko**	0 Uhr	Boston
Brasilien	–	**Haiti**	3 Uhr	Philadelphia

Donnerstag, 25. Juni

Schottland	–	**Brasilien**	0 Uhr	Miami
Marokko	–	**Haiti**	0 Uhr	Atlanta

SCOTLAND

GRUPPE C: BRASILIEN

DIE WUNDE BLUTET NOCH

Jede Fußball-Nation hat ihr Trauma. In Brasilien hat sich der 8. Juli 2014 als ultimatives Fiasko ins kollektive Gedächtnis eingebrannt. Im WM-Halbfinale wurden die Brasilianer vor ihren eigenen Fans von einer großartig aufspielenden deutschen Mannschaft nicht nur bezwungen, sondern gedemütigt. Das 1:7 war die höchste Niederlage, die es in einem WM-Halbfinale jemals gegeben hatte. Es war, als hätte sich eine Sonnenfinsternis über das Land gelegt. Dieses Trauma hallt bis heute nach. Bei der WM 2018 scheiterte die „Seleção" bereits im Viertelfinale mit 1:2 an Belgien, und auch vier Jahre später in Katar war in der Runde der letzten Acht Schluss (3:5 nach Elfmeterschießen gegen Kroatien). Die Zeiten, in denen die Brasilianer als einer der Topfavoriten in eine Weltmeisterschaft gingen, sind vorerst passé. Sie haben nicht nur den Anschluss an Argentinien verloren, ihre Mannschaft versprüht auch nicht mehr den Glanz früherer Tage. In der WM-Qualifikation musste man sich mit Rang fünf begnügen, was zumindest ausreichte, um sich zum 22. Mal in Folge für eine Weltmeisterschaft zu qualifizieren. Nun soll mit Carlo Ancelotti einer der renommiertesten Trainer des Weltfußballs dabei helfen, die darbende „Seleção" pünktlich zur Weltmeisterschaft 2026 zu revitalisieren.

Prunkstück des Teams ist zweifellos die Offensive um Superstar Vinícius Júnior, der bereits bei Real Madrid mit Ancelotti

DER STAR: VINÍCIUS JÚNIOR

Vinícius Júnior lässt niemanden kalt. Die einen lieben ihn für seine draufgängerischen Dribblings, seinen Einfallsreichtum und seine Leidenschaft auf dem Platz. Die anderen sehen in ihm einen eitlen Selbstdarsteller, für den Fairness und Respekt Fremdworte sind. Wo Vinícius Júnior ist, ist Drama vorprogrammiert. Der 25-jährige Flügelstürmer provoziert und piesackt Gegenspieler, greift ihnen auch mal ins Gesicht. Er kommentiert Schiedsrichterentscheidungen lautstark und lässt sich kaum bändigen, wenn er sich ungerecht behandelt fühlt. Vinícius Júnior ist aber auch das: Ein herausragender Fußballer mit irrwitzigem Tempo und unbändigem Spielwitz, der in der Vergangenheit immer wieder Opfer rassistischer Beleidigungen wurde. Sein offener Umgang damit brachte ihm auch in Brasilien viel Anerkennung ein. In Rio de Janeiro wurde sogar ein Gesetz nach ihm benannt, das erlaubt, Sportveranstaltungen bei rassistischen Vorfällen zu unterbrechen oder zu beenden. Auf dem Platz ist er für kaum einen Gegner zu greifen. An manchen Tagen kreiert er Torchancen scheinbar nach Belieben. Was ihm mitunter noch abgeht, ist die Cleverness im Torabschluss. In 41 Länderspielen für Brasilien kommt Vinícius Júnior lediglich auf sieben Tore. Auch bei der WM 2022 in Katar blieb er mit nur einem Treffer recht blass. Gerade in Eins-gegen-Eins-Situationen gegen den Torwart fehlt ihm jene Kaltschnäuzigkeit, die andere Weltklassestürmer oft mitbringen. Sein volles Potenzial hat Vinícius Júnior sicher noch nicht ausgeschöpft. Für seine Gegner muss das wie eine Drohung klingen.

zusammengearbeitet hatte. Auch Raphinha (FC Barcelona), Gabriel Martinelli (FC Arsenal), Rodrygo (Real Madrid), João Pedro und Supertalent Estevão (beide FC Chelsea) sind brillante Kicker. Allerdings schafften es die Brasilianer in den vergangenen Monaten nicht, ihre PS auch aufs Feld zu bringen. Viel zu oft präsentierten sie sich als Ansammlung starker Individualisten statt als geschlossene Mannschaft. Zumindest konnte sich die „Seleção" auf ihre starke Innenverteidigung mit Kapitän Marquinhos und Gabriel Magalhães verlassen. Gelingt es dem erfahrenen Ancelotti, die Egos zu kontrollieren und das Team zu einen, könnte die „Seleção" durchaus überraschen. Vielleicht gelingt sogar eine Traumabewältigung.

FAKTEN & ZAHLEN

Hauptstadt: Brasília
Einwohner: 212,0 Millionen

WM-Endrundenteilnahmen: 22
Größte WM-Erfolge: Weltmeister (1958, 1962, 1970, 1994, 2002)
Rekordnationalspieler: Cafu (142)
Rekordtorschütze: Neymar (79)
FIFA-Weltrangliste: 5.

CBF
BRASIL

GRUPPE C: MAROKKO

MEHR ALS EINE EINTAGSFLIEGE

Es ist auch die Geschichte vom Außenseiter, der alle Erwartungen übertrifft, aus der sich die Faszination für Fußball-Weltmeisterschaften speist. Bei der Winter-WM 2022 in Katar bekleidete Marokko die Rolle des renitenten Underdogs, der den Granden des Weltfußballs das Fürchten lehrte. Das Team des erst wenige Monate zuvor inthronisierten Trainers Walid Regragui ließ in der Gruppenphase überraschend Kroatien und Belgien hinter sich und setzte seinen märchenhaften Lauf auch in der K.-o.-Phase fort. Im Achtelfinale gegen die hoch favorisierten Spanier erzwangen die Nordafrikaner ein Elfmeterschießen. Dort avancierte Torwart Bono mit zwei Paraden zum Matchwinner. Auch im Viertelfinale gegen Portugal erwiesen sich Bono und seine Abwehr als unüberwindbar. Ein Treffer von Youssef En-Nesyri genügte dem Außenseiter für den Einzug ins Halbfinale. Bis dahin hatte Marokko im gesamten Turnierverlauf erst ein Gegentor kassiert. Gegen Frankreich (0:2) fehlte dann allerdings die Kraft für eine weitere Sensation. Dennoch blieben die Marokkaner mit ihrer bedingungslosen Hingabe und starken Organisation nachhaltig im Gedächtnis. Doch war dieser Erfolg mehr als eine Eintagsfliege? Betrachtet man die Entwicklung seit der WM, muss man die Marokkaner auch bei der WM 2026 auf der Rechnung haben. Sie rauschten ohne Punktver-

DER STAR: ACHRAF HAKIMI

Achraf Hakimi zieht den Erfolg magisch an. Als erster Marokkaner überhaupt gewann er 2018 mit Real Madrid die Champions League und wiederholte diesen Erfolg 2025 mit Paris Saint-Germain. Dazwischen lagen vier Meistertitel und zwei nationale Pokalsiege mit den Parisern sowie die italienische Meisterschaft mit Inter Mailand im Jahr 2021. Auch bei Borussia Dortmund hat man den offensiv ausgerichteten Rechtsverteidiger noch in bester Erinnerung. 2018 war Hakimi als 19-Jähriger für zwei Jahre auf Leihbasis zum BVB gewechselt, wo er nach kurzer Findungsphase zum Stammspieler avancierte. Mit seiner Schnelligkeit, seinem Enthusiasmus und ungezügeltem Offensivdrang spielte er sich in die Herzen der Fans. Sein damaliger Trainer Lucien Favre schätzte auch die Vielseitigkeit seines Top-Talents, schließlich konnte Hakimi auch als Linksverteidiger oder im Mittelfeld auflaufen. Dass er sich ab und an auch mal einen Lapsus in der Defensive leistete, war angesichts seiner offensiven Dynamik zu verschmerzen. Im Sommer 2021 zahlte PSG 68 Millionen Euro für den marokkanischen Nationalspieler, der auch über einen spanischen Pass verfügt. In der französischen Hauptstadt reifte Hakimi zu einem kompletten Spieler heran, indem er sein Stellungsspiel und Defensivverhalten deutlich verbesserte. In Marokko gilt er längst als Nationalheld, seit September 2024 führt er die „Löwen vom Atlas“ auch als Kapitän aufs Feld. Und bedenkt man, dass er mit 27 Jahren bereits 88 Länderspiele (11 Tore) absolviert hat, könnte er auf Sicht zu Marokkos Rekordnationalspieler aufsteigen.

lust durch die Qualifikation und waren bereits nach sieben von zehn Spieltagen nicht mehr von Platz eins ihrer Gruppe zu verdrängen. Zwar fehlt den Marokkanern ein etablierter Superstar, doch ihr Kader hat eine beeindruckende Tiefe. Was auch daran liegt, dass vielversprechende Talente Druck auf die arrivierten Spieler ausüben. Einer dieser Hoffnungsträger für die Zukunft ist Linksaußen Eliesse Ben Seghir, für den Bayer Leverkusen im vergangenen Sommer 32 Millionen Euro hinblätterte. Die Offensive ist ohnehin das Prunkstück der Marokkaner, was zu einer großen Konkurrenzsituation führt. Auch der 21-jährige Bilal El Khannouss vom VfB Stuttgart muss um Einsatzzeit kämpfen.

FAKTEN & ZAHLEN

Hauptstadt: Rabat
Einwohner: 38,0 Millionen

WM-Endrundenteilnahmen: 6
Größter WM-Erfolg: Halbfinale (2022)
Rekordnationalspieler:
Noureddine Naybet (115)
Rekordtorschütze: Ahmed Faras (36)
FIFA-Weltrangliste: 11.

GRUPPE C: HAITI

ERSTE WM-TEILNAHME SEIT 52 JAHREN

Als Haiti letztmals bei einer Weltmeisterschaft antrat, waren die heutigen Nationalspieler noch lange nicht geboren. Bei der WM 1974 in Deutschland blieb der karibische Inselstaat zwar sieglos, machte sich aber bei Italiens Torhüter-Legende Dino Zoff unbeliebt, der nach 1143 Länderspielminuten ohne Gegentor beim Duell gegen den Fußballzwerg wieder hinter sich greifen musste. Emmanuel Sanon traf im ersten Gruppenspiel zum zwischenzeitlichen 1:0 für Haiti. Mit 100 Länderspielen und 47 Toren hält der 2008 verstorbene Stürmer bis heute zwei Rekorde. Einer, der diese Bestmarken schon bald gefährden könnte, ist Duckens Nazon. Der 31-jährige Stürmer war mit sechs Treffern der erfolgreichste Torschütze Haitis in der WM-Qualifikation und steht nach 74 Länderspielen bei 44 Toren. In der Qualifikation setzte sich das Team des französischen Trainers Sébastien Migné überraschend vor Honduras und Costa Rica durch, obwohl es seine Heimspiele auf der 1000 Kilometer entfernten Insel Curaçao austragen musste. Nötig wurde dieses Exil durch die anhaltende Bandengewalt im politisch und wirtschaftlich schwer gebeutelten Haiti. Als nach dem 2:0 gegen Nicaragua die WM-Teilnahme feststand, war das ein Fanal der Hoffnung für die Menschen in der Heimat.

FAKTEN & ZAHLEN

Hauptstadt: Port-au-Prince
Einwohner: 11,9 Millionen

WM-Endrundenteilnahmen: 1
Größter WM-Erfolg: –
Rekordnationalspieler: Emmanuel Sanon (100)
Rekordtorschütze: Emmanuel Sanon (47)
FIFA-Weltrangliste: 84.

GRUPPE C: SCHOTTLAND

PROBELAUF FÜR EM-QUALIFIKATION

2028 ist Schottland Co-Gastgeber der EM, aber nicht automatisch dabei. Die „Bravehearts" müssen sich erst in der Qualifikation beweisen. Die WM 2026 soll dafür als Probelauf dienen. Anders als in den folgenden EM-Qualifikationsspielen kann die Auswahl von Head Coach Steve Clarke (seit 2019 im Amt) hier unbeschwert auftreten.

Die schottische Nationalmannschaft ist gemeinsam mit der englischen die älteste der Welt: 1872 standen sich beide Nationen zum ersten Länderspiel der Fußballhistorie gegenüber. Die Erfolge bei bislang acht WM-Teilnahmen (zuletzt 1998) und vier EM-Teilnahmen (zuletzt zweimal hintereinander) sind jedoch überschaubar, besser gesagt: nicht vorhanden. Noch nie überstanden die Schotten die Gruppenphase. Bei der WM 1974 war es am knappsten, als ungeschlagene Gruppendritte schieden sie nur aufgrund der schlechteren Tordifferenz gegenüber Brasilien und Jugoslawien aus. 2026 ist zumindest das Sechzehntelfinale drin. In der Qualifikation zeigte sich das Team in guter Form und ließ die ehemaligen Europameister Dänemark und Griechenland hinter sich. Prunkstück ist das Mittelfeld mit Billy Gilmour und Scott McTominay von der SSC Neapel, Letzterer wurde sogar zum Spieler der Saison 2024/25 in der Serie A gewählt.

FAKTEN & ZAHLEN

Hauptstadt: Edinburgh
Einwohner: 5,5 Millionen

WM-Endrundenteilnahmen: 8
Größter WM-Erfolg: –
Rekordnationalspieler:
Kenny Dalglish (102)
Rekordtorschützen:
Denis Law, Kenny Dalglish (je 30)
FIFA-Weltrangliste: 36.

GRUPPE D

Die Auslosung meinte es gut mit Co-Gastgeber USA. Gruppe D ist von der Papierform her eine der schwächsten der WM. In Auftaktgegner Paraguay und Außenseiter Australien bescherte sie der US-Auswahl durchaus lösbare Aufgaben. Auch der Name des vierten Teilnehmers dürfte nicht für Angst und Schrecken sorgen: Die Türkei, Rumänien, die Slowakei und der Kosovo spielen diesen in den Playoffs Ende März 2026 aus. Die Tür zur K.-o.-Runde steht für die US-Amerikaner also sperrangelweit offen. Doch ob sie den Schritt ins Sechzehntelfinale schaffen, steht in den Sternen. Zuletzt häuften sich die Enttäuschungen auf dem Platz, begleitet von wachsender Unruhe im Umfeld. Der Druck vor heimischem Publikum könnte eine zusätzliche Hürde werden. Alle Spiele der Gruppe finden an der Westküste der USA und Kanadas statt.

Samstag, 13. Juni				
USA	–	**Paraguay**	3 Uhr	Los Angeles
Sonntag, 14. Juni				
Australien	–	**Sieger Playoff 5**	6 Uhr	Vancouver
Freitag, 19. Juni				
USA	–	**Australien**	21 Uhr	Seattle
Samstag, 20. Juni				
Sieger Playoff 5	–	**Paraguay**	6 Uhr	San Francisco
Freitag, 26. Juni				
Sieger Playoff 5	–	**USA**	4 Uhr	Los Angeles
Paraguay	–	**Australien**	4 Uhr	San Francisco

USA

GRUPPE D: USA

GEFANGEN IM MITTELMASS

Der größte Erfolg der US-Fußballer jährt sich bald zum 100. Mal: Bei der ersten WM 1930 standen sie im Halbfinale. Nach einer jahrzehntelangen Durststrecke sind sie erst seit 1990 dauerhaft auf der großen Bühne vertreten, sieht man einmal von der WM 2018 in Russland ab. 2002 schafften sie es ins Viertelfinale, ansonsten kamen sie über Mittelmaß nie hinaus. 2026 soll es für das USMNT, wie die Einheimischen das U.S. Men's National Team abkürzen, weiter gehen als bei der ersten Heim-WM 1994, als es im Achtelfinale nach einem großen Kampf gegen den späteren Weltmeister Brasilien mit 0:1 auf der Strecke blieb. Die Aussichten sind jedoch zweifelhaft.

2024 sprangen die USA als Ausrichter der Copa América ein und schieden nach einer 1:2-Blamage gegen Panama bereits in der Vorrunde aus. Nationaltrainer Gregg Berhalter, hierzulande bekannt durch seine Zeit als Profi bei Energie Cottbus und 1860 München, musste daraufhin seinen Posten räumen. Bei der Heim-WM soll es nun Startrainer Mauricio Pochettino richten. Der Argentinier hatte vor seinem Dienstantritt 2024 zehn Jahre lang die finanzkräftigen Spitzenklubs Tottenham Hotspur, Paris Saint-Germain und FC Chelsea betreut.
Als Nationaltrainer indes tut er sich schwer. Mehr als 50 Kandidaten ließ er in seiner ersten Saison vorspielen, einen Spielerstamm hatte er wenige Monate vor der WM aber noch

DER STAR: CHRISTIAN PULISIC

Christian Pulisic war eines der vielen Talente, die bei Borussia Dortmund zum Star reiften und den Bundesligisten danach für viel Geld zu einem der Topklubs in Spanien oder England verließ. Wie etwa Nuri Şahin, Shinji Kagawa und Ousmane Dembélé vor oder Jadon Sancho, Erling Haaland und Jude Bellingham nach ihm. 2015 war der US-Amerikaner mit kroatischen Wurzeln als 16-Jähriger in die BVB-Jugendabteilung des BVB gekommen, 2019 wechselte er für 64 Millionen Euro Ablöse zum FC Chelsea und wurde dadurch zum bis heute teuersten US-Fußballer der Geschichte. Nach drei starken und einer schwachen Premier-League-Saison mit insgesamt 20 Toren in 98 Spielen sowie dem Champions-League-Titel 2021 als Höhepunkt zog der offensive Mittelfeldspieler 2023 für vergleichsweise bescheidene 20,8 Millionen Euro Ablöse nach Italien zur AC Mailand weiter. In seinen ersten zwei Jahren in der Serie A wurde er ins Team der Saison gewählt. Christian Pulisic ist nicht nur der teuerste US-Fußballer der Geschichte, sondern auch der jüngste US-Fußballer des Jahres. 2017 wurde er als 18-Jähriger erstmals ausgezeichnet. Inzwischen ist er mit vier Titeln Rekordsieger, gleichauf mit dem früheren Leverkusener und Münchner Landon Donovan. Bereits ein Jahr zuvor hatte ihn Nationaltrainer Jürgen Klinsmann erstmals in die Nationalmannschaft berufen, in seinem vierten Einsatz avancierte er zum jüngsten Torschützen in der US-Länderspielhistorie. Ex-Nationaltrainer Gregg Berhalter baute Pulisic als Schlüsselspieler und Identifikationsfigur auf. Sein Verhältnis zu Nachfolger Mauricio Pochettino gilt als distanziert.

immer nicht gefunden – von einer eingespielten Elf ganz zu schweigen. Man hat das Gefühl, dem Co-Gastgeber läuft die Zeit davon.
Der CONCACAF Gold Cup, die Kontinentalmeisterschaft Nord- und Mittelamerikas, im Sommer 2025 vor heimischem Publikum lieferte auch keine mutmachenden Ergebnisse. Im Gegenteil. Nach einem 5:0 gegen Trinidad und Tobago hatten sich die US-Boys gegen Saudi-Arabien (1:0), Haiti (2:1), Costa Rica (6:5 n.E.) und Guatemala (2:1) ins Finale gequält, in dem sie gegen Mexiko mit 1:2 den Kürzeren zogen. Bei Fans und Medien ließ das Turnier die Ungeduld anwachsen. US-Fußballidol Alexi Lalas zählte den Trainer sogar öffentlich an.

FAKTEN & ZAHLEN

Hauptstadt: Washington D. C.
Einwohner: 340 Millionen

WM-Endrundenteilnahmen: 11
Größter WM-Erfolg: Halbfinale (1930)
Rekordnationalspieler:
Cobi Jones (164)
Rekordtorschützen:
Landon Donovan, Clint Dempsey (je 57)
FIFA-Weltrangliste: 14.

GRUPPE D: PARAGUAY

DAS ENDE DER LEIDENSZEIT

Paraguays Fußballfans waren Enttäuschungen gewohnt. Dreimal in Folge hatte ihre Nationalmannschaft bereits die Weltmeisterschaft verpasst, und auch die WM 2026 rückte rasch in weite Ferne. Mit nur fünf Punkten in den ersten sieben Spielen grub sich „La Albirroja" gleich zu Beginn der Südamerika-Qualifikation ein tiefes Loch. Es schien, als würde die Leidenszeit noch ein wenig länger andauern. Doch dann kam Trainer Gustavo Alfaro und hauchte der verunsicherten Mannschaft neues Leben ein. Mit 23 Punkten aus den verbleibenden elf Partien katapultierte sich Paraguay doch noch zur WM. Dabei beeindruckte vor allem die Heimstärke der Paraguayer, die auch Gruppensieger Argentinien (2:1) und Brasilien (1:0) in die Knie zwangen. Mit nur zehn Gegentoren stellten sie die zweitbeste Defensive in der südamerikanischen WM-Qualifikation. Diese Kompaktheit war auch notwendig, schließlich riss das Team offensiv mit nur 14 Toren keine Bäume aus. Mit vier Treffern war Antonio Sanabria vom italienischen Erstligisten US Cremonese der beste Schütze. An den letzten WM-Auftritt hat man in Paraguay noch beste Erinnerungen. Beim Turnier in Südafrika im Jahr 2010 drang die Mannschaft um Borussia Dortmunds Stürmer Nelson Valdez überraschend bis ins Viertelfinale vor, wo sie nach heftiger Gegenwehr mit 0:1 scheiterte.

FAKTEN & ZAHLEN

Hauptstadt: Asunción
Einwohner: 6,9 Millionen

WM-Endrundenteilnahmen: 8
Größter WM-Erfolg:
Viertelfinale (2010)
Rekordnationalspieler:
Paulo da Silva (148)
Rekordtorschütze: Roque Santa Cruz (32)
FIFA-Weltrangliste: 39.

GRUPPE D: AUSTRALIEN

MIT UNTERSTÜTZUNG VOM KIEZ

Seit der WM 2006 ist Australien ein Dauergast bei Weltmeisterschaften. Um zu verstehen, warum das so ist, muss man ins Jahr 2005 zurückreisen. Damals trat Australien aus der ozeanischen Konföderation (OFC) aus, um sich der asiatischen Konföderation (AFC) anschließen zu können. Seit dem 1. Januar 2006 ist Australien offizielles Mitglied des asiatischen Verbandes, was sich als voller Erfolg für die Nationalmannschaft aus Down Under erwiesen hat. In Ozeanien dominierten die Australier gegen kaum konkurrenzfähige Gegner. Weil der Verband jedoch keinen festen WM-Startplatz zugesprochen bekam, mussten sie am Ende der WM-Qualifikation in interkontinentalen Relegationsspielen antreten, bei denen sie häufig den Kürzeren zogen. Im asiatischen Verband treffen sie auf stärkere Gegner bei gleichzeitig größeren Chancen auf ein WM-Ticket. Die Entwicklung des australischen Fußballs schreitet seitdem spürbar voran. Das lässt sich auch daran ablesen, dass die meisten Nationalspieler bei Klubs in Europa ihr Geld verdienen. Die bevorzugte Destination ist dabei Großbritannien. Eine Schlüsselrolle im Mittelfeld nehmen Jackson Irvine und Connor Metcalfe ein, die beide für den FC St. Pauli spielen. In der Qualifikation zur WM 2026 gaben sich die Australier keine Blöße. In 16 Spielen kassierten sie nur eine einzige Niederlage, ein 0:1 gegen Bahrain.

FAKTEN & ZAHLEN

Hauptstadt: Canberra
Einwohner: 27,2 Millionen

WM-Endrundenteilnahmen: 6
Größte WM-Erfolge:
Achtelfinale (2006, 2022)
Rekordnationalspieler:
Mark Schwarzer (109)
Rekordtorschütze: Tim Cahill (50)
FIFA-Weltrangliste: 26.

GRUPPE F

Dass ein Favorit bereits in der Vorrunde auf der Strecke bleibt, ist bei dieser Weltmeisterschaft unwahrscheinlich, denn von 48 Teams werden 32 die K.-o.-Runde erreichen. Damit ist auch der Begriff der „Todesgruppe“ obsolet. Von den Topnationen haben die Niederlande aber eine der schwierigeren Aufgaben zugelost bekommen. Mit den Japanern, die bei der WM 2022 maßgeblich das frühe deutsche Aus beeinflussten, trifft „Oranje“ gleich zum Start auf einen sehr unangenehmen Gegner. Auch die Tunesier, die in der Qualifikation ohne Niederlage und sogar ohne Gegentor geblieben waren, sind nicht zu unterschätzen. Der dritte Gegner wird einer der europäischen Playoff-Teilnehmer sein, nämlich Polen, Schweden, Albanien oder die Ukraine. Gegen die Polen spielten die Niederländer bereits in der Vorrunde der EM 2024. Damals setzten sie sich durch einen späten Treffer mit 2:1 durch. Auch in der Qualifikation zu dieser WM begegneten sich beide Teams. Ausgetragen werden die Spiele in den zentralen USA und im mexikanischen Monterrey.

Sonntag, 14. Juni				
Niederlande	–	**Japan**	22 Uhr	Dallas
Montag, 15. Juni				
Sieger Playoff 4	–	**Tunesien**	4 Uhr	Monterrey
Samstag, 20. Juni				
Niederlande	–	**Sieger Playoff 4**	19 Uhr	Houston
Sonntag, 21. Juni				
Tunesien	–	**Japan**	6 Uhr	Monterrey
Freitag, 26. Juni				
Tunesien	–	**Niederlande**	1 Uhr	Kansas City
Japan	–	**Sieger Playoff 4**	1 Uhr	Dallas

Oranje Invasie – Malta
MALTA - NEDERLAND
2025

GRUPPE F: NIEDERLANDE

„ORANJE“ WILL AUS DEM SCHATTEN TRETEN

Louis van Gaal fühlte sich beraubt. Neuneinhalb Monate nach dem dramatischen Aus der niederländischen Nationalmannschaft im Viertelfinale der WM 2022 war sein Ärger immer noch nicht verraucht. „Es war alles ein abgekartetes Spiel. Ich denke, dass Messi Weltmeister werden sollte“, sagte der ehemalige Bondscoach dem TV-Sender *NOS*. Die Niederlande hatten damals in einem hitzigen Spiel, in dem 14 Gelbe und eine Gelb-Rote Karte verteilt wurden, in der Schlussphase der regulären Spielzeit einen 0:2-Rückstand egalisiert, ehe sich im Elfmeterschießen Argentinien durchsetzte. Dass sich beide Teams nicht leiden können, wurde nicht nur während des Spiels ersichtlich, sondern auch noch im Nachgang, als Provokationen und Pöbeleien einen denkwürdigen Fußballabend unschön abrundeten. Nach dem Verpassen der EM 2016 und WM 2018 haben sich die Niederländer längst wieder als große Fußballnation etabliert, doch haftet ihnen unverändert der Makel an, keine Titel gewinnen zu können. Dreimal scheiterten sie in einem WM-Finale und nur einmal – 1988 in Deutschland – krönten sie sich zum Europameister.
Die Qualifikationsspiele für die WM 2026 lieferten keine bahnbrechenden Erkenntnisse, was die künftigen Titelchancen der Niederländer betrifft. In acht Spielen blieb das Team von Trainer Ronald Koeman unbezwungen, kam gegen Verfolger Polen aber zweimal nicht über ein Remis hinaus. Die Qualität

DER STAR: MEMPHIS DEPAY

Memphis Depay war auf einer Mission, und nichts konnte ihn davon abbringen. Vor dem Start der WM-Qualifikation fehlten dem 31-Jährigen nur noch vier Treffer, um Robin van Persie als Rekordtorschützen der Niederlande abzulösen. Schon nach zwei Spieltagen hatte er zum ehemaligen Arsenal-Stürmer aufgeschlossen, ehe er ihn mit zwei Toren beim 3:2-Sieg in Litauen überflügelte. Letztlich schloss Depay die Qualifikation mit acht Treffern ab, so als wolle er sicher gehen, dass ihm sein Rekord so schnell nicht abgenommen wird. Mit 31 Jahren hat der dribbelstarke, bullige Stürmer wohl noch einige Gelegenheiten, seine Bilanz im „Oranje"-Dress weiter auszubauen. Dabei war seine Karriere alles andere als geradlinig verlaufen. Schon mit 21 Jahren verließ er seinen Ausbildungsklub PSV Eindhoven in Richtung Premier League. 34 Millionen Euro zahlte Manchester United für den vielseitigen Stürmer, der sich zudem als exzellenter Freistoßschütze einen Namen machte. Doch Depay kam in England nie richtig an. Bereits nach eineinhalb Jahren ließ ihn United mit großem Verlust zu Olympique Lyon ziehen. Dort zeigte sich, zu was Depay fähig ist, wenn er das volle Vertrauen verspürt. Über die Jahre entwickelte er sich zu einem der besten Stürmer der Ligue 1. Im Sommer 2021 wechselte er als Wunschspieler des damaligen Trainers Ronald Koeman zum FC Barcelona. Koemans Entlassung nur wenige Monate später schwächte aber auch Depays Standing. Über Atlético Madrid führte ihn sein Weg nach Brasilien zu Corinthians São Paulo. Seine Bedeutung für „Oranje" blieb in all der Zeit unverändert – auch weil Depay-Fan Koeman 2023 das Amt als Bondscoach übernahm.

für einen Titelanlauf hat „Oranje" durchaus. Das Gros der Spieler steht bei Premier-League-Klubs unter Vertrag. Allein der FC Liverpool bietet mit Kapitän Virgil van Dijk, dem ehemaligen Münchner Ryan Gravenberch und Cody Gakpo drei Niederländer auf. Tijjani Reijnders und Nathan Aké spielen für Manchester City, der Ex-Wolfsburger Micky van de Ven und der ehemalige Leipziger Xavi Simons für Tottenham Hotspur, Jurriën Timber für den FC Arsenal und der Ex-Münchner Matthijs de Ligt für Manchester United. Mit diesem Gerüst an Topspielern und dem unverwüstlichen Stürmer Memphis Depay im Sturmzentrum sollte man die Niederlande bei der Titelvergabe auf jeden Fall mit auf der Rechnung haben.

FAKTEN & ZAHLEN

Hauptstadt: Amsterdam
Einwohner: 18,0 Millionen

WM-Endrundenteilnahmen: 11
Größte WM-Erfolge:
Finale (1974, 1978, 2010)
Rekordnationalspieler:
Wesley Sneijder (134)
Rekordtorschütze:
Memphis Depay (55)
FIFA-Weltrangliste: 7.

GRUPPE F: JAPAN

DFB-SCHRECK MIT BUNDESLIGA-POWER

Denkt er an Japan in der Nacht, ist er um den Schlaf gebracht. Ob das wirklich zutrifft, sei mal dahingestellt. Unschön sind die Erinnerungen, die der ehemalige deutsche Bundestrainer Hansi Flick mit den Fußballern aus Fernost verbindet, allemal. Bei der WM in Katar war es eine 1:2-Auftaktniederlage gegen Japan, die das deutsche Vorrundenaus einleitete. Und am 9. September 2023 besiegelte eine 1:4-Testspielniederlage gegen denselben Gegner Flicks Aus als DFB-Trainer. So sehr sich die „Samurai Blue“ zuletzt auch als Schreckgespenst für die deutsche Auswahl erwiesen haben, so wenig furchteinflößend wirken sie auf die anderen Platzhirsche im Weltfußball. Seit 1998 haben sich die Japaner zwar für jede WM-Endrunde qualifiziert, doch über das Achtelfinale kamen sie in all den Jahren nie hinaus. In der WM-Qualifikation trat die Mannschaft von Trainer Hajime Moriyasu dominant auf, kassierte in 16 Spielen nur eine Niederlage. Der Großteil der Nationalspieler steht in Europa unter Vertrag, darunter befinden sich auch etliche aktuelle und ehemalige Bundesligaspieler wie Ritsu Doan (Eintracht Frankfurt), Kaishu Sano (FSV Mainz 05), Joel Chima Fujita (FC St. Pauli), Shuto Machino (Borussia Mönchengladbach), Ko Itakura (Ajax Amsterdam), Wataru Endo (FC Liverpool), Daichi Kamada (Crystal Palace) und Ao Tanaka (Leeds United).

FAKTEN & ZAHLEN

Hauptstadt: Tokio
Einwohner: 124,0 Millionen

WM-Endrundenteilnahmen: 7
Größte WM-Erfolge: Achtelfinale (2002, 2010, 2018, 2022)
Rekordnationalspieler: Yasuhito Endo (152)
Rekordtorschütze: Kunishige Kamamoto (75)
FIFA-Weltrangliste: 18.

GRUPPE F: TUNESIEN

ADLER MIT RÜCKENWIND

Jede Mauer ist überwindbar? Von wegen. Tunesien blieb ebenso wie die Elfenbeinküste in der WM-Qualifikation in allen zehn Spielen ohne Gegentor. Zwar wird die Tunesische Mauer im Gegensatz zur Chinesischen Mauer nicht in den Rang eines UNESCO-Weltkulturerbes erhoben werden, doch starten die „Adler von Karthago" mit Rückenwind in die WM 2026. Mit 22:0 Toren und 28 Punkten stellten sie das erfolgreichste Team Afrikas in der Qualifikation, einziger Makel war ein 0:0 in Namibia. Bei ihrer siebten WM-Teilnahme müssen sich die Tunesier nun aber den Schatten der Vergangenheit stellen, denn noch nie kamen sie über die Vorrunde hinaus. In sechs Turnieren feierten sie überhaupt erst drei Siege. Der prestigeträchtigste gelang ihnen 2022 in Katar, als sie im letzten Gruppenspiel Frankreich mit 1:0 bezwangen.
Einer, der sich bei den Nordafrikanern zuletzt in den Vordergrund gespielt hat, ist Linksaußen Elias Saad. Der gebürtige Hamburger, der 2025 vom FC St. Pauli zum FC Augsburg wechselte, war in neun Spielen bereits dreimal erfolgreich.
Den klangvollsten Namen hat aber ein anderer: Hannibal. Der 23 Jahre alte offensive Mittelfeldspieler vom Premier-League-Klub FC Burnley heißt nicht zufällig so wie Karthagos berühmtester Feldherr.

FAKTEN & ZAHLEN

Hauptstadt: Tunis
Einwohner: 12,5 Millionen

WM-Endrundenteilnahmen: 6
Größter WM-Erfolg: –
Rekordnationalspieler:
Radhi Jaidi (105)
Rekordtorschütze: Issam Jemaa (36)
FIFA-Weltrangliste: 40.

GRUPPE G

Auch wenn der Glanz früherer Tage verblasst ist, startet Belgien als klarer Favorit in Gruppe G. Die „Roten Teufel“ um Anführer Kevin De Bruyne wollen dabei die Schmach der WM 2022 ausmerzen, als sie mit nur einem erzielten Tor bereits in der Vorrunde gescheitert waren. Dabei treffen die Belgier erstmals überhaupt in ihrer Länderspielgeschichte auf den Iran und Neuseeland, die sich zusammen mit Ägypten aller Voraussicht nach um die Plätze zwei bis vier in dieser Gruppe streiten werden. Für die Ägypter spricht, dass sie mit Mohamed Salah einen Unterschiedsspieler in ihren Reihen haben. Der 33 Jahre alte Superstar vom FC Liverpool wird seine zweite WM nach 2018 bestreiten. Das große Ziel der Ägypter ist es, erstmals seit 92 Jahren die Vorrunde zu überstehen. Noch gänzlich ohne Sieg bei einer WM geht Neuseeland in dieses Turnier. Die Westküste der USA und Kanadas ist Heimat der Gruppe G.

Montag, 15. Juni

Belgien	–	**Ägypten**	21 Uhr	Seattle

Dienstag, 16. Juni

Iran	–	**Neuseeland**	3 Uhr	Los Angeles

Sonntag, 21. Juni

Belgien	–	**Iran**	21 Uhr	Los Angeles

Montag, 22. Juni

Neuseeland	–	**Ägypten**	3 Uhr	Vancouver

Samstag, 27. Juni

Neuseeland	–	**Belgien**	5 Uhr	Vancouver
Ägypten	–	**Iran**	5 Uhr	Seattle

I.R.IRAN

NEW ZEALAND

BELGIQUE
LES DIABLES ROUGES
BELGIUM
THE 3 BORDERS DEVILS
SINCE 2025
DEVILS
E 3 BORDERS DEVILS
PLOMBIÈRES
OFFICIAL BELGIAN
1895

GRUPPE G: BELGIEN

DIE FETTEN JAHRE SIND VORBEI

In der trockenen Landschaft von Katar zerfiel Belgiens Goldene Generation zu Staub. Bei der WM 2022 scheiterten die „Roten Teufel“ sensationell bereits in der Vorrunde, was mehrere Leistungsträger zum Rücktritt bewegte. Kapitän Eden Hazard machte den Anfang, danach folgten Abwehrchef Toby Alderweireld und Mittelfeldspieler Axel Witsel, auch wenn er die Entscheidung später revidierte. Doch es war nicht nur der personelle Substanzverlust, der das Ende einer Ära verkündete. Belgiens Selbstverständnis, in jedem großen Turnier zum erweiterten Favoritenkreis zu zählen, hatte durch die Auftritte in Katar einen irreparablen Schaden erlitten. Die EM 2024 lieferte die bittere Bestätigung für den Niedergang. Die Belgier erreichten mit Müh und Not das Achtelfinale, wo sie mit 0:1 an Frankreich scheiterten. In drei von vier Partien waren sie dabei ohne eigenen Treffer geblieben. Rekordnationalspieler Jan Vertonghen beendete danach erwartungsgemäß seine Nationalmannschaftskarriere. Immerhin blieben den Belgiern mit Kevin De Bruyne und Romelu Lukaku die beiden Top-Spieler in der Offensive erhalten. Aufgrund einer schweren Oberschenkelverletzung konnte Mittelstürmer Lukaku allerdings nur zwei von acht WM-Qualifikationsspielen bestreiten. In den letzten beiden Partien musste auch De Bruyne passen. Die Belgier setzten

DER STAR: KEVIN DE BRUYNE

Wer es mit der belgischen Fußball-Nationalmannschaft hält, dürfte nach der EM 2024 Blut und Wasser geschwitzt haben. Schließlich rankten sich Gerüchte um einen Rücktritt von Kevin De Bruyne. Seit der verkorksten WM 2022 hatten bereits mehrere Nationalspieler ihren Abschied verkündet, doch keiner von ihnen hatte für das Spiel der „Roten Teufel“ solch eine elementare Bedeutung wie De Bruyne. Als die Belgier wenige Wochen nach der EM in der Nations League mit 0:2 gegen Frankreich verloren, erreichte die Panik ihren Höhepunkt, schließlich belegten Aufnahmen, wie der Mittelfeldstar noch auf dem Platz immer wieder „Ich höre auf“ gesagt hatte. Adressat seiner Worte war Francky Vercauteren, der Technische Direktor der Belgier. Beim TV-Sender *VTM* legte der erzürnte De Bruyne dann mit scharfer Kritik an seinen Mitspielern nach: „Es gibt Spieler, die ihre Rolle nicht erfüllt haben. Wenn du nicht gut genug bist, musst du wenigstens alles geben, was manche nicht getan haben. Ich kann akzeptieren, dass wir nicht mehr auf dem Niveau von 2018 sind, aber das ist inakzeptabel.“ Bei der Weltmeisterschaft in Russland hatte Belgien mit Platz drei sein bestes WM-Resultat aller Zeiten erreicht. Mit ein wenig Abstand legten sich die Emotionen – und De Bruyne machte weiter. Sportlich ist er auch mit 34 Jahren immer noch über jeden Zweifel erhaben. Im vergangenen Sommer war er nach zehn erfolgreichen Jahren bei Manchester City zur SSC Neapel gewechselt, wo er sofort als Torschütze und Führungsspieler brillierte, ehe ihn eine Verletzung stoppte. Seine gestiegene Verletzungsanfälligkeit stellt einen Unsicherheitsfaktor dar. Ist er fit, ist er immer noch Belgiens Bester.

sich in ihrer Gruppe letztlich trotzdem durch, ließen spielerisch aber einige Wünsche offen. So blieben sie in zwei Spielen gegen Nordmazedonien ohne Sieg. Trainer Rudi Garcia, der im Januar 2025 die Nachfolge des entlassenen Domenico Tedesco übernahm, wird in Belgien kritisch beäugt – auch aufgrund seiner Entscheidung, Thibaut Courtois in die Nationalmannschaft zurückzuholen. Der Torwart war nach einem Zerwürfnis mit Tedesco im August 2023 zurückgetreten. Aus der jüngeren Generation der Belgier ragt der 23 Jahre alte Flügelspieler Jérémy Doku (Manchester City) heraus, dessen fünf Tore in der Qualifikation nur von De Bruyne übertroffen wurden.

FAKTEN & ZAHLEN

Hauptstadt: Brüssel
Einwohner: 11,8 Millionen

WM-Endrundenteilnahmen: 14
Größter WM-Erfolg: Dritter (2018)
Rekordnationalspieler: Jan Vertonghen (157)
Rekordtorschütze: Romelu Lukaku (89)
FIFA-Weltrangliste: 8.

ROYAL BELGIAN FA · 1895

GRUPPE G: ÄGYPTEN

DIE RÜCKKEHR DER PHARAONEN

Das alte Ägypten war eine der frühesten und langlebigsten Hochkulturen der Menschheit. Auch mehrere tausend Jahre später spielte das Land eine Vorreiterrolle. Als erstes afrikanisches Land trat Ägypten 1923 der FIFA bei, nachdem es bereits 1920 den Kontinent erstmals beim Olympischen Fußballturnier in Antwerpen vertreten hatte. 1934 waren die Ägypter der erste WM-Teilnehmer Afrikas. Bis zur zweiten WM-Teilnahme dauerte es weitere 56 Jahre. Während sie auf der größten Bühne meist fehlten, dominierten sie lange Zeit den Afrika-Cup mit sieben Triumphen bis zum Jahr 2010. Seitdem wartet man am Nil aber vergeblich auf den nächsten Titel. Immerhin qualifizierten sich Mohamed Salah und Co. nun souverän für die WM 2026. In zehn Spielen blieb das Team von Trainer Hossam Hassan, der zugleich immer noch Rekordtorschütze des Landes ist, unbesiegt und kassierte nur zwei Gegentore. Hassan hatte die Mannschaft nach dem überraschenden Achtelfinalaus im Afrika-Cup 2024 gegen die Demokratische Republik Kongo übernommen und wieder auf Kurs gebracht.

Noch immer ist der mittlerweile 33-jährige Salah der Dreh- und Angelpunkt im Spiel, aber nicht mehr der einzige Starstürmer der Ägypter. Omar Marmoush, der bei Eintracht Frankfurt einen kometenhaften Aufstieg erlebte und schließlich im Januar 2025 für eine Ablösesumme von 75 Millionen

DER STAR: MOHAMED SALAH

Mohamed Salah atmete tief durch, während die Lichtflecken von Laserpointern auf seinem Gesicht tanzten. Dann trat er an – und jagte den Ball in den Himmel von Dakar. Kurze Zeit später stand fest: Nicht Ägypten, sondern der Senegal hatte sich das Ticket für die Weltmeisterschaft 2022 in Katar gesichert. Nach einem 1:0-Hinspielerfolg in Kairo und einem 0:1 nach 120 Minuten beim Rückspiel besiegelte die Elfmeterlotterie das Schicksal der Ägypter. Salah war nicht der einzige Fehlschütze seines Teams, das durch Laserpointer-Attacken immer wieder gestört worden war. Doch in den Medien bekam vor allem er, der Superstar, das Etikett „Sündenbock" aufgedrückt. Der Stürmer des FC Liverpool hatte also etwas gutzumachen, als es für Ägypten darum ging, sich für die WM 2026 zu qualifizieren. Und der 33-Jährige hielt Wort. Er erzielte neun der 20 ägyptischen Tore in der Qualifikation und führte seine Mannschaft zum Sieg in der Gruppe A. Salah befindet sich zudem auf dem besten Weg, den aktuellen Nationaltrainer Hossam Hassan als Rekordtorschützen Ägyptens abzulösen. Nach 107 Länderspielen steht der Rechtsaußen bereits bei 61 Toren. Auch beim FC Liverpool, für den er seit 2017 aufläuft, ist er längst eine Ikone und belegt Rang drei in der ewigen Torjägerliste. In 420 Pflichtspieleinsätzen für die „Reds" traf Salah 250-mal. Seine Dribbelstärke, sein Raumgefühl und seine Nervenstärke vor dem Tor machen ihn zum besten Stürmer seiner Generation auf dem afrikanischen Kontinent. Daran ändert auch nichts, dass sich Salah wie der gesamte FC Liverpool in dieser Saison bislang sehr schwer tut.

Euro zu Manchester City wechselte, ist ein weiterer Unterschiedsspieler bei den Pharaonen. Allerdings ragt die Torquote des 26-Jährigen in der Nationalmannschaft (8 Treffer in 40 Spielen) bei Weitem nicht an die aus seiner Zeit in Frankfurt heran (37 in 67).
Während Salah und Marmoush in Europa für Furore sorgen, spielen die meisten anderen Nationalspieler in der Heimat, das Gros davon beim Serienmeister Al Ahly SC. Bei der Weltmeisterschaft 2026 möchten die Ägypter eine Enttäuschung, wie sie sie bei ihrem letzten WM-Auftritt 2018 in Russland erlebten, unbedingt vermeiden. Damals schieden sie als punktloser Gruppenletzter frühzeitig aus.

FAKTEN & ZAHLEN

Hauptstadt: Kairo
Einwohner: 116,5 Millionen

WM-Endrundenteilnahmen: 3
Größter WM-Erfolg:
Achtelfinale (1934)
Rekordnationalspieler:
Ahmed Hassan (184)
Rekordtorschütze: Hossam Hassan (68)
FIFA-Weltrangliste: 34.

GRUPPE G: IRAN

GEFANGEN IM STIMMUNGSTIEF

Manchmal verbindet man ein Team vor allem mit seinem Trainer. Carlos Queiroz heuerte im April 2011 als Trainer der Iraner an. Es war der Beginn einer Ära mit Höhen und Tiefen. Nach der WM 2014 schien die Liaison zu zerbrechen, doch beide Seiten besannen sich. Queiroz blieb und führte die Iraner auch zur WM 2018. Erst 2019 trennten sich die Wege, doch kurz vor der WM 2022 kehrte der Portugiese zurück. Nach dem Vorrundenaus in Katar endete die On-Off-Beziehung endgültig. Sein Nachfolger Amir Ghalenoei hat bei vielen Fans einen schweren Stand. Sein Spielstil gilt als konservativ, junge Spieler haben bei ihm kaum eine Chance. In der WM-Qualifikation gaben sich die Iraner dennoch keine Blöße und bahnten sich zum vierten Mal in Folge den Weg zur WM-Endrunde. Doch die große Euphorie im Land blieb aus. Seit dem Aufflammen der Proteste gegen das Mullah-Regime und deren gewaltsamer Niederschlagung herrscht eine tiefe Verunsicherung in der iranischen Gesellschaft.
Auch der Glaube an eine erfolgreiche WM 2026 ist nicht besonders ausgeprägt. Noch nie kamen die Iraner bei einer Weltmeisterschaft über die Vorrunde hinaus. Das Gros des Teams spielt in der Heimat. Stürmer Sardar Azmoun (30) lief zwischen 2022 und 2024 für Leverkusen auf. Mehdi Taremi (33) war mit zehn Treffern bester Torschütze in der Qualifikation.

FAKTEN & ZAHLEN

Hauptstadt: Teheran
Einwohner: 91,5 Millionen

WM-Endrundenteilnahmen: 5
Größter WM-Erfolg: –
Rekordnationalspieler:
Javad Nekounam (149)
Rekordtorschütze: Ali Daei (108)
FIFA-Weltrangliste: 20.

GRUPPE G: NEUSEELAND

„ALL WHITES“ ZUM DRITTEN MAL DABEI

Die Erweiterung des WM-Teilnehmerfeldes auf 48 Mannschaften bescherte der Ozeanischen Konföderation OFC, dem kleinsten und schwächsten der sechs FIFA-Kontinentalverbände, erstmals einen festen Startplatz. Gerade einmal 13 Länder gehören der OFC an. Noch dazu wechselte Australien, der größte und stärkste Nationalverband, bereits vor 20 Jahren nach Asien. Somit stand für Rekordozeanienmeister Neuseeland das Tor zur WM 2026 weit offen: Die „All Whites“, wie die Fußballnationalspieler bezeichnet werden (im Gegensatz zu „All Blacks“ im Rugby), nutzten es mit einem 3:0 im Qualifikationsfinale gegen Neukaledonien.
Zum dritten Mal sind die Neuseeländer bei einer WM dabei. 1982 schieden sie mit null Punkten und 2:12 Toren nach der Gruppenphase aus. 2010 schafften sie das Kunststück, als einzige ungeschlagene Mannschaft des Turniers die K.-o.-Runde erneut zu verfehlen. Beim dritten Anlauf 2026 soll es Chris Wood richten. Der Mittelstürmer von Nottingham Forest ist einer der besten Torjäger der Premier League. Mit neun Toren in fünf Qualifikationsspielen schoss er die „All Whites“ zur WM. Trainer ist der 53-jährige Engländer Darren Bazeley, der seine Profikarriere 2008 in Neuseeland ausklingen ließ und dort hängen blieb.

FAKTEN & ZAHLEN

Hauptstadt: Wellington
Einwohner: 5,3 Millionen

WM-Endrundenteilnahmen: 2
Größter WM-Erfolg: –
Rekordnationalspieler: Ivan Vicelich (88)
Rekordtorschütze: Chris Wood (45)
FIFA-Weltrangliste: 86.

NEW ZEALAND FOOTBALL

GRUPPE H

In Gruppe H sind die Rollen klar verteilt. Über allen thront der amtierende Europameister Spanien, der nach einer glänzenden Qualifikation endlich auch wieder bei einer WM-Endrunde für Furore sorgen will. Bei den vergangenen drei Weltmeisterschaften hatte „La Furia Roja" das Aus spätestens im Achtelfinale ereilt. Im Kampf um den Gruppensieg dürfte Uruguay der härteste Widersacher für die Spanier sein. Dieses Duell zieht seinen besonderen Reiz auch daraus, dass viele Top-Spieler der Südamerikaner wie Federico Valverde (Real Madrid), Ronald Araújo (FC Barcelona) oder José María Giménez (Atlético Madrid) bei spanischen Klubs unter Vertrag stehen. Als krasse Außenseiter gehen Saudi-Arabien und WM-Neuling Kap Verde ins Rennen. Saudi-Arabien wird auf einen Coup wie 2022 hoffen, als zum Auftakt gegen Argentinien ein sensationeller 2:1-Erfolg gelang. Die Spiele werden im Süden der USA und im mexikanischen Guadalajara ausgetragen.

Montag, 15. Juni				
Spanien	–	**Kap Verde**	18 Uhr	Atlanta
Dienstag, 16. Juni				
Saudi-Arabien	–	**Uruguay**	0 Uhr	Miami
Sonntag, 21. Juni				
Spanien	–	**Saudi-Arabien**	18 Uhr	Atlanta
Montag, 22. Juni				
Uruguay	–	**Kap Verde**	0 Uhr	Miami
Samstag, 27. Juni				
Uruguay	–	**Spanien**	2 Uhr	Guadalajara
Kap Verde	–	**Saudi-Arabien**	2 Uhr	Houston

CAMPEONES

CABO

LAMINE YAMAL
ESPAÑA FOOTBALL PLAYER

GRUPPE H: SPANIEN

DIE WIEDERGEBURT DES GIGANTEN

Ein Titel kommt bei den Spaniern selten allein. Nachdem sich die Spanier mit ihrem Tiki-Taka-Fußball 2008 zum Europameister gekrönt hatten, folgten 2010 der WM-Triumph in Südafrika und 2012 die EM-Titelverteidigung. Zwischenzeitlich waren Andrés Iniesta und Co. in 35 Länderspielen hintereinander unbezwungen geblieben. Doch wie jede Ära fand auch die der Spanier ihr Ende. In Weltmeisterschaften kamen sie seitdem nicht mehr über das Achtelfinale hinaus. Bei der kommenden WM dürfte sich das mit hoher Wahrscheinlichkeit ändern. Die Zeiten, in denen die Spanier auf der Weltbühne nur die zweite Geige spielten, sind seit der EM 2024 passé. Mit berauschendem Fußball sicherte sich das Team von Trainer Luis de la Fuente den vierten Europameistertitel, einzig im Viertelfinale gegen Deutschland benötigte es eine Verlängerung für das Weiterkommen. Der damals noch 16-jährige Lamine Yamal bildete mit dem drei Jahre älteren Nico Williams die beste Flügelzange der EM, während im Maschinenraum Rodrigo Hernández Cascante, kurz Rodri, dominierte. Der defensive Mittelfeldspieler von Manchester City wurde zum besten Spieler des Turniers gewählt. Dabei vereinten die Spanier das Beste aus zwei Welten. Sie glänzten, wie man es von ihnen kennt, mit hoher Ball- und Passsicherheit, vermählten diese Attribute aber mit

DER STAR: LAMINE YAMAL

Man muss ja vorsichtig sein mit solchen Begriffen, doch wenn man Lamine Yamal dabei beobachtet, wie er über den Platz schwebt und Schweres leicht aussehen lässt, kann man zu keinem anderen Schluss kommen: Da hat ein Wunderkind die Fußballbühne betreten. Der FC Barcelona wusste schon lange, dass in der Kaderschmiede La Masia ein Ausnahmetalent heranwächst. Der Rest der Welt erfuhr es bei der EM 2024 in Deutschland. Der Rechtsaußen, zu Turnierbeginn noch 16 Jahre jung, brillierte nicht nur mit atemberaubenden Tempodribblings, sondern mit erstaunlicher Übersicht und Raumgefühl. Bis zum Halbfinale gelangen ihm drei Assists, ehe er gegen Frankreich ein Traumtor beisteuerte. Mit einem Haken ließ er Adrien Rabiot aussteigen und schlenzte den Ball dann aus 25 Metern ins Tor. Im Finale, einen Tag nach seinem 17. Geburtstag, bereitete er das 1:0 durch Nico Williams vor. Die Auszeichnung als bester junger Spieler des Turniers konnte nur ihm gebühren. Vor der EM war er ein Hochbegabter gewesen, danach ein Superstar. Mit diesem plötzlichen Ruhm umzugehen, hat schon viele junge Spieler vor gewaltige Herausforderungen gestellt. Der Teenager rückte in den Fokus der Öffentlichkeit – und machte dabei nicht immer positive Schlagzeilen. Dabei ging es nicht nur um seinen Hang zum Protz. Zu seinem 18. Geburtstag soll er kleinwüchsige Menschen als Teil des Unterhaltungsprogramms engagiert haben. Zuletzt wurde Lamine Yamal wegen einer nicht kommunizierten medizinischen Behandlung zum Spielball eines Streits zwischen Barca und dem spanischen Verband. All die Nebengeräusche scheinen ihn aber nicht zu kümmern. Er liefert konstant auf höchstem Niveau ab.

Überraschungsmomenten und starkem Drang zum Tor. Nach der Machtdemonstration in Deutschland kam unweigerlich die Frage auf, ob diese Spanier eine neue Ära prägen könnten. In der Qualifikation für die kommende WM schürten sie jedenfalls die Zuversicht. Nach fünf Siegen und 19:0 Toren gaben sie erst im letzten, bedeutungslosen Spiel gegen die Türkei (2:2) Punkte ab. Die Leichtigkeit, mit der Spanien die WM-Qualifikation bewältigte, ist auch deshalb so beeindruckend, weil die Topspieler Lamine Yamal, Williams, Rodri und Dani Olmo jeweils nur zwei der sechs Partien bestreiten konnten. Insgesamt setzte Trainer de la Fuente 30 verschiedene Spieler ein.

FAKTEN & ZAHLEN

RF
EF

Hauptstadt: Madrid
Einwohner: 47,9 Millionen

WM-Endrundenteilnahmen: 16
Größter WM-Erfolg:
Weltmeister (2010)
Rekordnationalspieler:
Sergio Ramos (180)
Rekordtorschütze:
David Villa (59)
FIFA-Weltrangliste: 1.

GRUPPE H: URUGUAY

AMBITIONIERT AUCH OHNE SUÁREZ

Luis Suárez konnte seine Tränen nicht zurückhalten. Der Stürmerstar saß auf einem Podium und kündigte sichtlich bewegt seinen Rücktritt aus der uruguayischen Fußball-Nationalmannschaft an. Seine chronischen Knieschmerzen ließen ihm keine andere Wahl. Sein Fernziel, die WM 2026, blieb eine Illusion. Am 7. September 2024 führte der 37-Jährige „La Celeste“ (Die Himmelblaue) gegen Paraguay letztmals als Kapitän aufs Feld. Sein 143. Länderspiel endete 0:0, zu seinen 69 Treffern kam kein weiterer hinzu. Den Titel des Rekordtorschützen seines Landes trug er zu diesem Zeitpunkt schon länger. Auch ohne ihren streitbaren Anführer, der in seiner Karriere auch mal mit Beiß- und Spuckattacken auf sich aufmerksam gemacht hatte, lösten die Uruguayer um Torjäger Darwin Núñez souverän ihr Ticket für die WM 2026. Obwohl das Land nur 3,4 Millionen Einwohner hat, zählt es mit zwei Titeln und drei vierten Plätzen zu den zehn besten Nationalmannschaften bei Fußball-Weltmeisterschaften. Pro Kopf produziert Uruguay die meisten Fußballprofis weltweit, was deutlich macht: Fußball ist eine Obsession in diesem Land. Von daher kann man sich ausmalen, wie es um den Gemütszustand der Menschen am 2. Dezember 2022 bestellt war. Bei der WM in Katar wähnten sich die Uruguayer nach einem 2:0-Sieg im letzten Gruppenspiel bereits

DER STAR: FEDERICO VALVERDE

Es fällt leicht, Federico Valverde zu unterschätzen. Er generiert keine obszönen Ablösesummen, spielt seit neun Jahren für denselben Klub und gilt als introvertierter Charakter. Dabei könnte seine sportliche Rolle kaum bedeutender sein. Der 27-Jährige ist Vizekapitän bei Real Madrid und bestimmt im zentralen Mittelfeld den Herzschlag im Spiel der Königlichen. „Er ist sehr, sehr komplett. Wenn er so weitermacht, sehe ich keine Grenzen", adelte Toni Kroos bereits vor drei Jahren in seinem Podcast *Einfach mal Luppen* seinen Mitspieler aus Uruguay. Nachdem der 114-malige deutsche Nationalspieler im Sommer 2024 seine Karriere bei Real beendet hatte, übernahm Valverde die Trikotnummer 8 seines Idols. Seine hohe Laufleistung, seine Intensität im Spiel gegen den Ball und seine Übersicht mit Ball am Fuß machten ihn bei Real zu einem würdigen Nachfolger für Kroos. Bereits als 18-Jähriger wechselte Valverde in die Nachwuchsabteilung von Real und kam nach einer zwischenzeitlichen Leihe zu Deportivo La Coruña in der Saison 2018/19 zu seinen ersten Pflichtspieleinsätzen für die Königlichen. Seitdem hat er seinen Wert kontinuierlich gesteigert und immer mehr Verantwortung übernommen. „Wenn er irgendwann mal keine Lösung mit dem Ball sieht, dann läuft er direkt zum gegnerischen Tor", beschrieb Kroos die wachsende Torgefährlichkeit des Mittelfeldstrategen. Für sein Heimatland absolvierte Valverde mittlerweile 71 Länderspiele, in denen ihm acht Tore gelangen. Nach dem Rücktritt von Suárez übernahm er zudem die Kapitänsbinde. Zeigt Valverde auch bei der Weltmeisterschaft seine Klasse, dürfte ihn bald niemand mehr unterschätzen.

im Achtelfinale, doch dann traf Südkorea in der Nachspielzeit zum 2:1 gegen Portugal. Bei Punkt- und Tordifferenzgleichheit gaben letztlich die mehr erzielten Treffer den Ausschlag für die Asiaten. Es war eine herbe Enttäuschung für Uruguay, das zuvor bei Weltmeisterschaften dreimal nacheinander die K.-o.-Runde erreicht hatte. 2010 scheiterte man erst im Halbfinale an den Niederlanden (2:3), es folgten eine Achtelfinal- und eine Viertelfinalteilnahme. Seit Februar 2023 wird der 15-malige Copa-América-Sieger von Marcelo Bielsa trainiert. Der 70-jährige Argentinier gilt als Fußballphilosoph und Innovator, der einen radikal offensiven Stil pflegt.

FAKTEN & ZAHLEN

Hauptstadt: Montevideo
Einwohner: 3,4 Millionen

WM-Endrundenteilnahmen: 14
Größte WM-Erfolge:
Weltmeister (1930, 1950)
Rekordnationalspieler:
Diego Godín (161)
Rekordtorschütze:
Luis Suárez (69)
FIFA-Weltrangliste: 16.

GRUPPE H: KAP VERDE

JUBILÄUM DER UNABHÄNGIGKEIT

Sogenannte Fußballzwerge gab es bei den bislang 22 Weltmeisterschaften schon einige: Trinidad und Tobago etwa 2006 oder zuletzt Island 2018. Diesmal sind es Curaçao und Kap Verde. Die Mannschaft des kleinen Inselstaates im Atlantik, etwa 600 Kilometer westlich der Küste Afrikas, konnte sich erstmals für eine WM qualifizieren – und dies passend zum 50. Jubiläum der Unabhängigkeit. In der Qualifikation ließen die „Tubarões Azuis“ (Blauhaie), wie die Nationalspieler genannt werden, u. a. den fünfmaligen Afrikameister Kamerun hinter sich und lösten als Gruppenerster das WM-Ticket. Der Erfolg ist das Ergebnis eines steten Aufwärtstrends: Sechsmal in Folge qualifizierte sich Kap Verde zuletzt für den Afrika-Cup. Beim Turnier 2024 erreichte es zum zweiten Mal nach 2013 das Viertelfinale, in dem es sich Südafrika erst nach Elfmeterschießen geschlagen geben musste. Als „Architekten des WM-Traums“ bezeichnete die Presse das nationale Fußballidol Pedro Leitão Brito, Künstlername „Bubista“. Der Ex-Nationalspieler übernahm 2020 das Traineramt. Die Leistungsträger wie Kapitän Ryan Mendes oder Steven Moreira sind im Ausland aktiv und schon in die Jahre gekommen. Torhüter Vozinha wird kurz vor der WM 40.

FAKTEN & ZAHLEN

Hauptstadt: Praia
Einwohner: 0,53 Millionen

WM-Endrundenteilnahmen: –
Rekordnationalspieler: Ryan Mendes (92)
Rekordtorschütze: Ryan Mendes (22)
FIFA-Weltrangliste: 68.

GRUPPE H: SAUDI-ARABIEN

ARGENTINIEN-SCHRECK MÜHT SICH ZUR WM

Am 22. November 2022 schockte Saudi-Arabien die Fußballwelt, als es bei der WM in Katar zum Auftakt völlig überraschend den haushohen Favoriten Argentinien mit 2:1 bezwang. Es war ein Spiel, das auch die Launenhaftigkeit des Fußballs zeigte. Argentinien krönte sich 26 Tage später bekanntlich zum Weltmeister, während bei den Saudis die Wirkung des Coups schnell verpuffte. Nach Niederlagen gegen Polen und Mexiko war für den Außenseiter dann doch schon in der Vorrunde Schluss. Nur einmal – bei seiner ersten WM-Teilnahme 1994 in den USA – erreichte der Golfstaat das Achtelfinale. Bei der WM 2026 schließt sich insofern ein Kreis für Saudi-Arabien. Bevor die insgesamt siebte WM-Teilnahme feststand, mussten die Saudis aber lange zittern. Sie verpassten zunächst die direkte Qualifikation deutlich, weil sie in ihrer Gruppe Japan und Australien den Vortritt lassen mussten. Erst im Oktober 2025 machte die Mannschaft des französischen Trainers Hervé Renard bei einem Dreierturnier mit einem 3:2 gegen Indonesien und einem 0:0 gegen den Irak die WM-Qualifikation perfekt. Dabei gaben am Ende die mehr erzielten Treffer im Vergleich mit den punktgleichen Irakern den Ausschlag. Die meisten Nationalspieler stehen in der heimischen Saudi Pro League unter Vertrag.

FAKTEN & ZAHLEN

Hauptstadt: Dschidda
Einwohner: 34,7 Millionen

WM-Endrundenteilnahmen: 6
Größter WM-Erfolg: Achtelfinale (1994)
Rekordnationalspieler:
Mohammad Al-Deayea (178)
Rekordtorschütze: Madschid Abdullah (67)
FIFA-Weltrangliste: 60.

GRUPPE I

Am letzten Spieltag in Gruppe I kommt es zum vielleicht attraktivsten Duell der gesamten Vorrunde, wenn der zweimalige Weltmeister und Mitfavorit Frankreich auf Norwegen trifft. Die Skandinavier spielten in der Qualifikation berauschenden Fußball und ließen dabei auch Italien zweimal abblitzen. Die Franzosen gelten zwar aufgrund ihrer Erfahrung als Favorit auf den Gruppensieg, doch Erling Haaland und Co. könnten ihnen durchaus gefährlich werden. Auch mit dem Senegal haben die Franzosen in der Vergangenheit nicht die besten Erfahrungen gemacht. Bei der WM 2002 unterlagen „Les Bleus“ den Westafrikanern als amtierender Weltmeister im Auftaktspiel mit 0:1. Ergänzt wird die Gruppe durch den Sieger eines der beiden interkontinentalen Playoff-Turniere: Dies könnte der Irak, Suriname oder Bolivien sein. Für Suriname wäre es die erste WM-Teilnahme überhaupt. Die Spiele finden an der US-Ostküste und in Toronto statt.

Dienstag, 16. Juni

Frankreich	–	**Senegal**	21 Uhr	New Y./New J.

Mittwoch, 17. Juni

Sieger Playoff 2	–	**Norwegen**	0 Uhr	Boston

Montag, 22. Juni

Frankreich	–	**Sieger Playoff 2**	23 Uhr	Philadelphia

Dienstag, 23. Juni

Norwegen	–	**Senegal**	2 Uhr	New Y./New J.

Freitag, 26. Juni

Norwegen	–	**Frankreich**	21 Uhr	Boston
Senegal	–	**Sieger Playoff 2**	21 Uhr	Toronto

NORGE

GRUPPE I: FRANKREICH

TITELFAVORIT BEI DESCHAMPS´ ABSCHIED

Als die Franzosen dicht vor der erfolgreichen WM-Qualifikation standen, rückte der Fußball plötzlich weit in den Hintergrund. Das Heimspiel gegen die Ukraine war nämlich für den 13. November angesetzt, den zehnten Jahrestag der verheerenden Terroranschläge in Paris. Am 13. November 2015 hatten Islamisten im Bataclan-Theater und in verschiedenen Bars, Cafés und Restaurants ein Blutbad angerichtet und 130 Menschen getötet. Drei der Attentäter versuchten zudem, während des Fußballspiels der französischen Mannschaft gegen Deutschland ins Innere des Stade de France zu gelangen. Als sie mit ihrem Vorhaben scheiterten, sprengten sie sich außerhalb des Stadions in die Luft. Zwei der Detonationen waren während der Live-Übertragung sogar im Fernsehen deutlich zu hören. Die deutschen Nationalspieler mussten die Nacht aus Sicherheitsgründen in der Kabine im Stadion verbringen. Dass exakt zehn Jahre später wieder ein Fußballspiel im Stade de France stattfinden sollte, sorgte nicht nur bei Nationaltrainer Didier Deschamps für Unbehagen. Das Gedenken bestimmte die Tage zuvor, ehe die Franzosen auf dem Platz die emotionale Herausforderung bravourös meisterten und mit einem 4:0 gegen die Ukraine die Qualifikation für die WM 2026 perfekt machten. Es wird das letzte Turnier in der Ära Deschamps sein. Seit 2012 betreute der 103-malige Nationalspieler und Weltmeister von 1998 „Les Bleus“ und gewann 2018 in Russland den Titel.

DER STAR: KYLIAN MBAPPÉ

Kylian Mbappé lieferte sich ein episches Duell mit Lionel Messi, doch am Ende war es der argentinische Maestro, der den WM-Pokal am 18. Dezember 2022 in den Nachthimmel recken durfte. Vorangegangen war ein dramatisches Finale, in dem Mbappé die Franzosen mit drei Toren ins Elfmeterschießen gerettet hatte. Auch dort blieb er vom Punkt eiskalt. Mehr konnte die Grande Nation von ihrem Superstar nicht erwarten. Mbappé spielt schon so lange auf Weltklasseniveau, dass es einem surreal vorkommt, dass er erst vor kurzem 27 Jahre alt geworden ist. An seiner Dynamik, brillanten Ballführung und Abschlussstärke dürfen sich seit dem Sommer 2024 die Fans von Real Madrid erfreuen. Bei den „Königlichen" avancierte der Franzose nach einem Stotterstart, der auch mit persönlichen Problemen einherging, zur wandelnden Torgarantie. Allerdings hatten die Madrilenen in der Saison 2024/25 in beiden großen nationalen Wettbewerben gegen den Erzrivalen FC Barcelona das Nachsehen und scheiterten in der Champions League bereits im Viertelfinale. Mbappé wurden daraufhin mangelnde Führungsqualitäten attestiert. In Frankreich muss er sich mit derlei Störgeräuschen kaum noch herumschlagen. Der Stürmer ist als Kapitän gesetzt und dürfte schon vor der WM einen weiteren Rekord knacken. Nur noch drei Treffer fehlen ihm, um Olivier Giroud als französischen Rekordtorschützen abzulösen. Bleibt Mbappé, der aktuell bei 94 Länderspielen steht, von größeren Verletzungen verschont, dürfte er perspektivisch auch zum Rekordnationalspieler seines Landes aufsteigen. Diesen Titel trägt aktuell der langjährige Stammtorhüter Hugo Lloris mit 145 Einsätzen für Frankreich.

Bei der WM 2022 erreichten die Franzosen erneut das Finale, in dem sie sich erst im Elfmeterschießen Argentinien beugen mussten.
Doch es gab auch Enttäuschungen. Bei der EM 2021 scheiterten „Les Bleus" bereits im Achtelfinale, und auch bei der EM 2024 zeigte das Starensemble trotz des Erreichens des Halbfinals eher uninspirierte Leistungen. Für seinen pragmatischen Stil musste sich Deschamps immer wieder Kritik gefallen lassen. Bei der WM zählt Frankreich dennoch wieder zu den Topfavoriten – auch wegen der Evolution junger Spieler wie Tempodribbler Michael Olise vom FC Bayern oder Bradley Barcola von Paris Saint-Germain.

FAKTEN & ZAHLEN

Hauptstadt: Paris
Einwohner: 66,6 Millionen

WM-Endrundenteilnahmen: 16
Größte WM-Erfolge:
Weltmeister (1998, 2018)
Rekordnationalspieler: Hugo Lloris (145)
Rekordtorschütze: Olivier Giroud (57)
FIFA-Weltrangliste: 3.

GRUPPE I: SENEGAL

VORSICHT VOR DEN LÖWEN

Den Namen der amtierenden Sportministerin dürften in Deutschland, mit Verlaub, nur wenige Menschen kennen. Würde Dr. Christiane Schenderlein die Entlassung von Bundestrainer Julian Nagelsmann anordnen, wäre das sicher schlagartig anders. Was hierzulande wie ein absurd anmutendes Szenario erscheint, hat sich im Senegal tatsächlich zugetragen. Sportminister Khady Diène Gaye wies den nationalen Fußballverband FSF im Oktober 2024 an, sich von Aliou Cissé zu trennen. Fast zehn Jahre lang hatte dieser die „Teranga-Löwen“ trainiert und sich mit dem erstmaligen Triumph beim Afrika-Cup im Februar 2022 unsterblich gemacht. Zudem führte er den Senegal zu den Weltmeisterschaften 2018 und 2022. In Katar erreichten die Westafrikaner nach zwei Vorrundensiegen das Achtelfinale, wo sie erwartungsgemäß an England (0:3) scheiterten. Sein bislang bestes Resultat erzielte der Senegal bei der WM 2002 in Südkorea und Japan. Damals stand Aliou Cissé als Kapitän noch selbst auf dem Platz und führte sein Team bis ins Viertelfinale, das die Türkei durch ein Golden Goal von İlhan Mansız mit 1:0 für sich entschied.
Die Verdienste Cissés um den Fußball in Senegal sind immens, auch deshalb hatte Pape Thiaw, sein Nachfolger als Nationaltrainer, zunächst einen schweren Stand. Nach anfänglicher Skepsis gewann der 44-Jährige jedoch das Vertrauen der Fans. In der WM-Qualifikation blieben die Senegalesen in zehn

DER STAR: SADIO MANÉ

Es war einer der verblüffendsten Transfers des Sommers 2022. Für 32 Millionen Euro eiste der FC Bayern München Sadio Mané vom FC Liverpool los. Bei den „Reds“ hatte der Linksaußen unter Trainer Jürgen Klopp mit Mohamed Salah und Roberto Firmino ein perfekt harmonierendes Sturmtrio gebildet. Doch Mané wollte seine Komfortzone verlassen, und da traf es sich gut, dass die Bayern gerade nach einem renommierten Ersatz für den zum FC Barcelona abgewanderten Torjäger Robert Lewandowski suchten. Tatsächlich legte der 30-Jährige einen verheißungsvollen Start in München hin, ehe ihn eine Verletzung jäh ausbremste. Wegen einer Entzündung des Wadenbeinköpfchens fiel Mané dreieinhalb Monate lang aus und verpasste auch die WM 2022 in Katar. Als er auf den Platz zurückkehrte, suchte er seine Form. Sein Stammplatz ging verloren, sein Frust wuchs. Im April 2023 manövrierte sich der Senegalese endgültig ins Abseits, nachdem er im Anschluss an die 0:3-Niederlage im Champions-League-Viertelfinale bei Manchester City seinem Teamkollegen Leroy Sané im Streit einen heftigen Schlag verpasst hatte. Nach nur einer Saison endete die unglückliche Liaison, Mané zog weiter zum saudischen Topklub Al-Nassr, wo er heute Teamkollege von Superstar Cristiano Ronaldo ist. Im Senegal hat der dribbelstarke Flügelstürmer, der trotz nur 1,74 Metern Körpergröße auch über ein erstaunlich gutes Kopfballspiel verfügt, längst Legendenstatus erreicht. Mit 50 Treffern ist er mit Abstand der erfolgreichste Torschütze der Westafrikaner. Seine 117 Länderspiele werden nur von Teamkollege Idrissa Gueye (121) übertroffen. Nun will er bei seiner zweiten WM für Furore sorgen.

Spielen ungeschlagen, den packenden Zweikampf mit der Demokratischen Republik Kongo um das Direktticket zur WM 2026 entschieden sie am 9. September mit einem 3:2-Auswärtssieg im direkten Duell für sich. Dabei gerieten die Thiaw-Schützlinge zunächst mit 0:2 in Rückstand, ehe Mittelfeldspieler Pape Sarr von Tottenham Hotspur eine furiose Aufholjagd drei Minuten vor Schluss mit dem 3:2-Siegtor krönte. Auch in Europa sorgten die Westafrikaner um Rekordnationalspieler Idrissa Gueye (36) vom FC Everton im vergangenen Jahr für Aufsehen, als sie im Juni in Nottingham ein Freundschaftsspiel gegen England nach einer bravourösen Leistung mit 3:1 für sich entschieden.

FAKTEN & ZAHLEN

Hauptstadt: Dakar
Einwohner: 18,9 Millionen

WM-Endrundenteilnahmen: 3
Größter WM-Erfolg: Viertelfinale (2002)
Rekordnationalspieler:
Idrissa Gueye (121)
Rekordtorschütze: Sadio Mané (50)
FIFA-Weltrangliste: 19.

GRUPPE I: NORWEGEN

GOLDENE GENERATION BEENDET FLAUTE

Am Ende einer sagenhaften WM-Qualifikation eroberten die Norweger sogar das Mailänder San Siro. Mit einem 4:1 gegen Italien katapultierten sich Erling Haaland und Co. in den siebten Himmel und zu ihrer ersten WM-Teilnahme seit 1998. Die meisten Tore, das beste Torverhältnis, der mitreißendste Fußball – man hätte diese Attribute den Spaniern zugetraut, vielleicht auch den Franzosen, Engländern oder Deutschen. Aber Norwegen? Über viele Jahre hatten die Skandinavier in Europa nur eine Statistenrolle bekleidet. Seit der Europameisterschaft 2000 hatten sie sich nicht mehr für ein großes Turnier qualifiziert. Die Glanzzeit in den 1990er-Jahren unter Trainer Egil Olsen war längst zu einer blassen Erinnerung verkommen. Damals hatte sich Norwegen mit Top-Stürmer Ole Gunnar Solskjær sowohl für die WM 1994 als auch für die WM 1998 qualifizieren können. Doch Norwegens Fußballverband blieb nicht untätig und investierte viel Geld in die Infrastruktur und Nachwuchsarbeit. So wuchs jene Goldene Generation heran, die heute die Herzen der norwegischen Fußballfans höher schlagen lässt. Vor allem in der Offensive hat Trainer Ståle Solbakken, der in der Saison 2011/12 den 1. FC Köln trainiert hatte, die Qual der Wahl. Vor Spielmacher Martin Ødegaard entfaltet sich eine Offensivreihe, die nicht nur Tormaschine

DER STAR: ERLING HAALAND

Erling Haaland hob entschuldigend die Hand und suchte das Gespräch mit Cristian Avram. Moldaus Torhüter hatte gerade im WM-Qualifikationsspiel in Norwegen elf Gegentore hinnehmen müssen, allein fünf davon erzielte der Stürmerstar von Manchester City. „Er sagte mir, dass es nicht meine Schuld sei und dass er wegen der Tordifferenz einfach weiter versuchen musste, Tore zu schießen“, berichtete Avram anschließend dem norwegischen Sender *TV2* und äußerte Verständnis für Haaland. Am Ende siegten die Norweger mit 11:1. Der unersättliche Haaland lehrte aber nicht nur den Moldauern das Fürchten. Er traf in allen acht Qualifikationsspielen und schloss die WM-Qualifikation mit 16 Toren ab, wodurch er seine wahnwitzige persönliche Bilanz auf 55 Tore in nur 48 Länderspielen ausbaute. Der 25-Jährige ist kein Stürmer, er ist ein Naturphänomen. Mit seiner Statur und den langen blonden Haaren sieht er aus, wie man sich den berühmten Wikinger Harald Schönhaar vorstellt. Doch Haaland, dessen Vater Alf-Inge Haaland 1994 zu Norwegens WM-Kader gezählt hatte, bringt weit mehr als eine beeindruckende Physis mit. Er ist schnell, technisch stark, antizipiert brillant und kann vor dem Tor auf jede erdenkliche Art abschließen. Zweieinhalb Jahre lang konnten sich auch die Fans von Borussia Dortmund an dem außergewöhnlichen Torjäger erfreuen. Als 19-Jähriger wechselte Haaland im Januar 2020 in den Pott und erzielte in 89 Pflichtspielen für den BVB 86 Tore. Im Juli 2022 schloss er sich Manchester City an – für die heute putzig anmutende Ablösesumme von 60 Millionen Euro. Bei City plant man langfristig mit Haaland. Sein Vertrag läuft bis 2034.

Erling Haaland zu bieten hat, sondern auch die hochtalentierten Flügelstürmer Antonio Nusa (RB Leipzig) und Oscar Bobb (Manchester City). Im defensiven Mittelfeld der Norweger sorgt 1,95-Meter-Hüne Sander Berge (FC Fulham) für Kompaktheit, die Viererkette um den Dortmunder Julian Ryerson harmoniert exzellent. Schon vor vier Jahren standen die Norweger dicht vor der Qualifikation für die WM 2022, ehe sie durch ein 0:0 gegen Lettland am vorletzten Spieltag ihre gute Ausgangsposition zunichte machten. Diesmal hielt sie aber nichts und niemand auf – acht Spiele, acht Siege, 37:5 Tore. Norwegen ist zurück im Konzert der Großen.

FAKTEN & ZAHLEN

Hauptstadt: Oslo
Einwohner: 5,6 Millionen

WM-Endrundenteilnahmen: 3
Größte WM-Erfolge:
Achtelfinale (1938, 1998)
Rekordnationalspieler:
John Arne Riise (110)
Rekordtorschütze:
Erling Haaland (55)
FIFA-Weltrangliste: 29.

GRUPPE J

Alles andere als ein Gruppensieg des amtierenden Weltmeisters aus Argentinien wäre eine große Überraschung. „La Albiceleste" dominierte die Qualifikation in Südamerika und gilt erneut als einer der Titelfavoriten. Superstar Lionel Messi steht mit 38 Jahren vermutlich vor der letzten WM in seiner schillernden Karriere. Chancen auf Rang zwei in der Gruppe dürfen sich die Österreicher ausrechnen, die in den vergangenen Jahren unter Trainer Ralf Rangnick eine beeindruckende Entwicklung genommen haben. Als Spielverderber für das mit zahlreichen Bundesligaprofis gespickte ÖFB-Team könnte sich Algerien erweisen, das in der afrikanischen Qualifikation dominierte und in Mohamed Amoura vom VfL Wolfsburg einen der antrittsschnellsten Stürmer der Bundesliga aufbieten kann. Der WM-Neuling aus Jordanien komplettiert als Außenseiter das Starterfeld in dieser Gruppe. Die Spiele werden in der Mitte und im Westen der USA ausgetragen.

Mittwoch, 17. Juni

Argentinien	–	**Algerien**	3 Uhr	Kansas City
Österreich	–	**Jordanien**	6 Uhr	San Francisco

Montag, 22. Juni

Argentinien	–	**Österreich**	19 Uhr	Dallas

Dienstag, 23. Juni

Jordanien	–	**Algerien**	5 Uhr	San Francisco

Sonntag, 28. Juni

Jordanien	–	**Argentinien**	4 Uhr	Dallas
Algerien	–	**Österreich**	4 Uhr	Kansas City

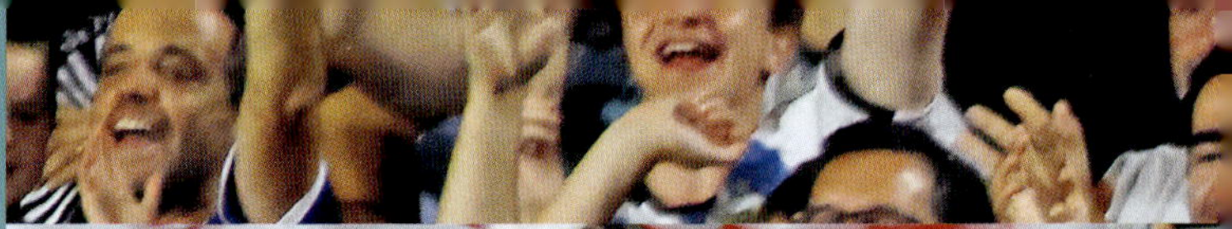

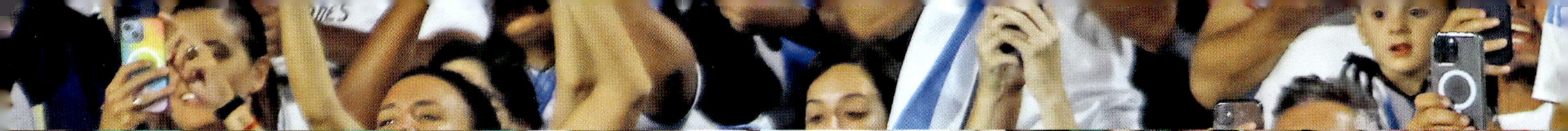

GRUPPE J: ARGENTINIEN

DIE UNERSÄTTLICHEN

Nichts ist für immer – nicht einmal sorgsam gehegte Rivalitäten. Die Zeiten, in denen Argentinien und Brasilien um die Vormachtstellung in Südamerika kämpften, sind vorerst vorüber. Es ist die „Albiceleste“, die in den vergangenen Jahren ihren langjährigen Rivalen klar distanziert hat. Zweimal nacheinander gewannen Lionel Messi und Co. die Copa América, dazwischen lag der WM-Titel 2022 in Katar. Und auch in der Qualifikation zur WM 2026 dominierten die Argentinier. Als überlegener Tabellenführer hatten sie am Ende zehn Punkte Vorsprung auf die Brasilianer.

Es ist nicht nur die Ausnahmestellung in Südamerika, die Argentinien zu einem der heißesten Anwärter auf den WM-Titel 2026 macht. Trainer Lionel Scaloni betreut einen Kader, der allerhöchsten Ansprüchen genügt. Insbesondere in der Offensive hat er die Qual der Wahl. Mit dem unverwüstlichen Messi (Inter Miami), Julián Álvarez (Atlético Madrid) und Lautaro Martínez (Inter Mailand) stehen gleich drei Stürmer von Weltformat parat. Zudem schmücken die Offensive zwei der größten Talente des Weltfußballs. Rechtsaußen Franco Mastantuono zählt als 18-Jähriger bereits zum Stammpersonal von Real Madrid, während der 21-jährige Spielmacher Nico Paz beim neureichen italienischen Erstligisten Como 1907 derart brilliert, dass die europäischen Top-Klubs Schlange stehen. Die größte Stärke der Argentinier ist aber, dass sie Kunst mit harter Arbeit vermählen. Im Maschinenraum der „Albiceleste“ spulen

DER STAR: LIONEL MESSI

Am 26. Juni 2016 erschütterte ein Beben Argentinien, ausgelöst von einem Floh. Es ist der Spitzname von Lionel Messi, dem besten Fußballer, den dieses Land je gesehen hat. An diesem Tag entschloss sich der Ausnahmestürmer, die Herzen seiner Landsleute zu brechen. Er gab seinen Rücktritt aus der Nationalmannschaft bekannt – mit gerade mal 29 Jahren. Es war der Schmerz, der ihn zu dieser Entscheidung drängte. Der Schmerz darüber, sein Land erneut enttäuscht zu haben. Knapp zwei Jahre nach der 0:1-Finalniederlage bei der WM 2014 gegen Deutschland hatte die „Albiceleste" auch das Endspiel der Copa América gegen Chile verloren. Und Messi spielte eine Hauptrolle, denn im Elfmeterschießen war er es, der vom Punkt vergeben hatte. Heute darf man sich die Frage stellen, wie es wohl weitergegangen wäre mit dem argentinischen Fußball, hätte es sich Messi nicht doch noch anders überlegt. Schon nach wenigen Monaten revidierte der Rekordnationalspieler seine Entscheidung – und 2021 endete mit dem Gewinn der Copa América endlich auch sein Titelfluch. Ein Jahr später führte der mittlerweile 35-Jährige die „Albiceleste" mit sieben Toren zum ersten WM-Titel seit 1986. Es wäre der vermeintlich perfekte Moment gewesen, seine Karriere im Nationalteam zu beenden. Diesmal für immer. Doch Messi verwarf seine Pläne – wieder einmal. Eine Teilnahme an der WM 2026 lässt er offen. Seine Leistungen sprechen jedoch klar dafür, dass der 38-Jährige ein sechstes und letztes Mal bei einer Weltmeisterschaft verzücken wird. Für den MLS-Klub Inter Miami trifft er immer noch wie am Fließband, und zur erfolgreichen WM-Qualifikation der Argentinier steuerte er sieben Tore bei.

Alexis Mac Allister (FC Liverpool) und Enzo Fernández (FC Chelsea) ein irrwitziges Pensum als Abfangjäger und Spieleröffner ab. Letzterer wurde bei der WM 2022 als bester junger Spieler des Turniers ausgezeichnet.
Wenn man dieser Mannschaft eine Schwäche attestieren kann, dann ist es am ehesten die alternde Defensive. Mit Abwehrchef Nicolás Otamendi (37) und Linksverteidiger Nicolás Tagliafico (33) haben zwei Akteure aus der Viererkette die 30 deutlich überschritten. Allerdings haben die Argentinier taktisch eine solch gute Grundordnung, dass deren Geschwindigkeitsnachteile kaum ins Gewicht fallen. Mit dieser Mannschaft ist die „Albiceleste" auch 2026 ein heißer Anwärter auf den WM-Titel.

FAKTEN & ZAHLEN

Hauptstadt: Buenos Aires
Einwohner: 45,7 Millionen

WM-Endrundenteilnahmen: 18
Größte WM-Erfolge:
Weltmeister (1978, 1986, 2022)
Rekordnationalspieler:
Lionel Messi (196)
Rekordtorschütze: Lionel Messi (115)
FIFA-Weltrangliste: 2.

GRUPPE J: ÖSTERREICH

NIE MEHR LACHNUMMER

Es ist noch nicht allzu lange her, da musste die österreichische Nationalmannschaft kübelweise Spott über sich ergehen lassen. Am 4. September 2021 ging das ÖFB-Team bei den vom Österreicher Willibald Ruttensteiner trainierten Israelis mit 2:5 unter und verlor im Kampf um ein Ticket für die WM 2022 frühzeitig den Anschluss. „Nie hätt' ich gedacht, dass wir gegen Österreich fünfmal treffen", sagte der völlig überwältigte Ruttensteiner, der bis 2017 als Sportchef beim ÖFB gewirkt hatte. In den österreichischen Medien fielen dagegen die Schlagworte „Blamage", „Debakel" und „Katastrophe". Am Ende belegten die Österreicher in ihrer Qualifikationsgruppe nur Rang vier. Einzig die Färöer-Inseln und Moldau konnten sie hinter sich lassen. Ende März 2022 verkündete Franco Foda nach viereinhalb Jahren seinen Rücktritt als Teamchef und machte Platz für einen anderen Deutschen: Ralf Rangnick. Der hierzulande manchmal etwas spöttisch als „Professor" titulierte Fußballlehrer implementierte nicht nur einen neuen Spielstil, der auf aggressivem Gegenpressing und vertikalem Spiel in der Offensive beruht, er schuf moderne Strukturen in der Nachwuchsarbeit. Für die EM 2024 qualifizierten sich die Österreicher mühelos. Dort landeten sie in der vermeintlichen Todesgruppe mit Frankreich und den Niederlanden, setzten sich aber sensationell als Gruppenerster

DER STAR: MARKO ARNAUTOVIC

Andreas Herzog sollte Recht behalten. „Das ist mit Abstand der beste Fußballer, der in den letzten 30 Jahren auf einem österreichischen Fußballplatz herumgelaufen ist“, sagte der ehemalige Mittelfeldstar von Werder Bremen und Bayern München im Jahr 2010 über Marko Arnautovic und prophezeite, dass der hochbegabte Stürmer alle Granden des österreichischen Fußballs in den Schatten stellen würde – wenn er sein Potenzial abrufe. Herzog trainierte damals die österreichische U21-Auswahl, und nicht überall hörte man seine Worte gerne. Der damals 21-jährige Arnautovic hatte zu diesem Zeitpunkt nämlich bereits einen zweifelhaften Ruf als schier untrainierbares Enfant Terrible erworben. Werder Bremen verpflichtete ihn dennoch – und fiel auf die Nase. Arnautovic ließ sein immenses Potenzial zwar hin und wieder aufblitzen, machte aber auch abseits des Platzes Schlagzeilen und bezeichnete Werder einmal als „Saftladen“. 2013 zog der physisch und technisch starke Stürmer weiter zu Stoke City – und wurde erwachsen. Plötzlich ließ er seine Leistungen sprechen und entwickelte sich zu einem kompletten Stürmer, der überall Eindruck hinterließ – ob bei West Ham United, Shanghai SIPG, dem FC Bologna, Inter Mailand oder aktuell bei Roter Stern Belgrad. Mittlerweile ist der Freigeist 36 Jahre alt, aber für Österreich immer noch unverzichtbar. In der WM-Qualifikation traf er achtmal, mit seinem vierten Tor zum 10:0 gegen San Marino überflügelte er Toni Polster als Rekordtorschützen Österreichs. Zum Rekordnationalspieler seines Landes war er bereits im September 2022 aufgestiegen. Damals überholte er einen gewissen Andreas Herzog.

durch, ehe im Achtelfinale das etwas unglückliche Aus gegen die Türkei folgte (1:2). Um das Direktticket für die WM mussten die Österreicher allerdings lange bangen. Im letzten Gruppenspiel lagen sie gegen den direkten Konkurrenten Bosnien und Herzegowina lange mit 0:1 zurück, ehe der ehemalige Bundesliga-Stürmer Michael Gregoritsch in der 77. Minute die erste WM-Teilnahme seit 1998 perfekt machte. Getragen wird das Team von ehemaligen und aktuellen Bundesligaspielern, wobei Kapitän David Alaba (Real Madrid), Marcel Sabitzer (Borussia Dortmund) und Marko Arnautovic (Roter Stern Belgrad) als erfahrene Schlüsselspieler herausragen.

FAKTEN & ZAHLEN

Hauptstadt: Wien
Einwohner: 9,2 Millionen

WM-Endrundenteilnahmen: 8
Größter WM-Erfolg: Dritter (1954)
Rekordnationalspieler:
Marko Arnautovic (130)
Rekordtorschütze:
Marko Arnautovic (47)
FIFA-Weltrangliste: 24.

GRUPPE J: ALGERIEN

WÜSTENFÜCHSE IM AUFWIND

An das letzte Spiel Algeriens bei einer Weltmeisterschaft können sich auch die Fans in Deutschland sehr gut erinnern. Bei der WM 2014 in Brasilien traf die DFB-Auswahl im Achtelfinale auf die Nordafrikaner und quälte sich zu einem 2:1-Sieg nach Verlängerung. Hinterher gab Abwehrchef Per Mertesacker im *ZDF* sein legendäres „Eistonnen-Interview".

Der Rest ist Geschichte. Trotz der Niederlage gegen den späteren Weltmeister konnten sich die Algerier erhobenen Hauptes aus diesem Turnier verabschieden. Erstmals überhaupt hatten sie die Vorrunde überstanden und dabei mit Russland und Südkorea zwei etwas höher eingeschätzte Teams hinter sich gelassen. Das Hoch sollte aber nur von kurzer Dauer sein.

Bei den Weltmeisterschaften 2018 und 2022 mussten sich die „Wüstenfüchse" mit der Zuschauerrolle begnügen. Ebenso enttäuschend war das frühe Vorrundenaus beim Afrika-Cup zu Beginn des Jahres 2024. Seitdem haben die Algerier jedoch eine fulminante Entwicklung hingelegt. Unter dem neuen Trainer Vladimir Petković entwickelte das Team einen mutigen Offensivstil. Einer, der von der neuen Herangehensweise besonders profitierte, ist Mohamed Amoura. Der pfeilschnelle Stürmer vom VfL Wolfsburg glänzte in der WM-Qualifikation mit zehn Toren in zehn Spielen.

FAKTEN & ZAHLEN

Hauptstadt: Algier
Einwohner: 46,8 Millionen

WM-Endrundenteilnahmen: 4
Größter WM-Erfolg: Achtelfinale (2014)
Rekordnationalspieler: Aïssa Mandi (109)
Rekordtorschütze: Islam Slimani (47)
FIFA-Weltrangliste: 35.

GRUPPE J: JORDANIEN

WM-DEBÜTANT MACHT DEN KÖNIG STOLZ

Anfang Juni erfüllte sich am Golf von Oman ein langer gehegter Traum. Mit einem 3:0-Erfolg in der omanischen Hauptstadt Maskat qualifizierte sich Jordanien erstmals für eine Fußball-Weltmeisterschaft und löste eine Welle der Euphorie aus. In der fast 3000 Kilometer entfernten jordanischen Hauptstadt Amman strömten die Menschen auf die Straße und machten die Nacht zum Tag. Auch König Abdullah II. gratulierte und unterstrich die historische Bedeutung dieses Ereignisses. Vor allem einer konnte sich vor Zuneigung kaum retten: Ali Olwan. Der 25 Jahre alte Außenstürmer hatte im Oman alle drei Treffer für die Jordanier erzielt und avancierte mit insgesamt neun Treffern in der WM-Qualifikation zum besten Torschützen des Teams. Aus dem Nichts kam der Erfolg allerdings keineswegs. Bereits bei der Asienmeisterschaft 2024 hatte Jordanien mit dem Einzug ins Finale verblüfft, wo der große Wurf gegen Gastgeber Katar allerdings ausblieb (1:3). Diesen Aufwärtstrend bestätigten die Jordanier dann auch in der WM-Qualifikation. Eine gute defensive Organisation, gefährliche Konter und ein ausgeprägter Teamgeist zeichneten das Team des marokkanischen Trainers Jamal Sellami aus. Der bekannteste Spieler ist Rechtsaußen Mousa Al-Tamaari, der für den französischen Erstligisten Stade Rennes stürmt.

FAKTEN & ZAHLEN

Hauptstadt: Amman
Einwohner: 11,5 Millionen

WM-Endrundenteilnahmen: –
Rekordnationalspieler: Amer Shafi (173)
Rekordtorschütze:
Hamza Ali Khaled al-Daradreh (31)
FIFA-Weltrangliste: 66.

GRUPPE K

Der WM-Titel fehlt noch in der Sammlung von Cristiano Ronaldo. Mit dann 41 Jahren dürfte der Superstar im kommenden Sommer die letzte Gelegenheit erhalten, diesen Makel zu tilgen. Die Portugiesen sind eines der spielstärksten Teams Europas und nehmen in dieser Gruppe zweifellos die Favoritenrolle ein. Die Entscheidung um den Gruppensieg dürfte erst am letzten Spieltag fallen, wenn es Ronaldo und Co. mit Kolumbien zu tun bekommen. Es wird vor allem für Luis Díaz ein pikantes Duell sein, schließlich startete der Flügelstürmer vom FC Bayern seine Profikarriere in Portugal beim Spitzenklub FC Porto. Usbekistan möchte als WM-Debütant die beiden arrivierten Teams ärgern. Das letzte Ticket in dieser Gruppe wird in den interkontinentalen Playoffs vergeben. Kandidaten sind die Demokratische Republik Kongo (bis 1997 Zaire), Jamaika und der potenzielle WM-Debütant Neukaledonien. Die Spiele finden im Süden der USA und in Mexiko statt.

Mittwoch, 17. Juni				
Portugal	–	**Sieger Playoff 1**	19 Uhr	Houston
Donnerstag, 18. Juni				
Usbekistan	–	**Kolumbien**	4 Uhr	Mexiko-Stadt
Dienstag, 23. Juni				
Portugal	–	**Usbekistan**	19 Uhr	Houston
Mittwoch, 24. Juni				
Kolumbien	–	**Sieger Playoff 1**	4 Uhr	Guadalajara
Sonntag, 28. Juni				
Kolumbien	–	**Portugal**	1:30 Uhr	Miami
Sieger Playoff 1	–	**Usbekistan**	1:30 Uhr	Atlanta

MEO
MEO
Modelo

GRUPPE K: PORTUGAL

TITELTRAUM UND TRAUMABEWÄLTIGUNG

Diesmal blieb das Drama aus. Mit einem fulminanten 9:1 gegen Armenien lösten die Portugiesen am letzten Spieltag der Qualifikation ihr Ticket für die WM 2026 und verhinderten damit eine Hängepartie wie vier Jahre zuvor. Damals hatte Portugal durch eine 1:2-Heimniederlage gegen Serbien am letzten Spieltag das Direktticket für die WM 2022 verpasst, ehe sie sich über die Playoffs doch noch für das Turnier in Katar qualifizierten. Gegen Armenien führte das Team von Trainer Roberto Martínez bereits zur Pause mit 6:1 und spielte ohne den gesperrten Cristiano Ronaldo dabei so entfesselt, dass die Frage aufkam, ob diese Mannschaft ohne ihren alternden Superstar ihr immenses Potenzial sogar besser entfalten kann. Man hat sich an Portugal bei Weltmeisterschaften gewöhnt. Bei genauerem Hinsehen verblüfft es aber doch, wie dieses Land, das kaum mehr Einwohner als Berlin zählt, beständig herausragende Fußballer produziert. Jedenfalls muss man sich um Portugal auch nach einem Karriereende von Ronaldo nicht sorgen. Prunkstück ist das zentrale Mittelfeld, wo Vitinha (25) und João Neves (21) mit ihrer Spielintelligenz, Laufstärke und ihren Qualitäten im Passspiel ein bisschen an das ehemalige spanische Duo Xavi Hernández und Andrés Iniesta erinnern. Die Qualitäten des amtierenden Nations-League-Siegers bekam auch die

DER STAR: CRISTIANO RONALDO

Bei Cristiano Ronaldo drückt die FIFA auch mal beide Augen zu. Der Superstar hatte bei Portugals überraschender 0:2-Niederlage in Irland wegen eines Ellbogenschlags gegen seinen Gegenspieler Dara O'Shea nach gut einer Stunde die Rote Karte gesehen. Normalerweise zieht eine Tätlichkeit eine Sperre von mindestens drei Pflichtspielen nach sich. Im Falle von Ronaldo entschied sich der Weltverband aber dafür, zwei der drei Spiele zur Bewährung auszusetzen. Damit fehlte der 40-Jährige nur im letzten WM-Qualifikationsspiel und kann schon zum WM-Auftakt wieder mitwirken. Beim Turnier 2026 wird Ronaldo seine sechste Weltmeisterschaft bestreiten. Mit 226 Länderspielen und 143 Toren für Portugal hat er sich längst ein Denkmal erschaffen, das der Zeit trotzen wird. Und auch wenn sein Aktionsradius während eines Spiels zunehmend geringer wird, besitzt er noch immer einen untrüglichen Torinstinkt. In fünf WM-Qualifikationsspielen traf er fünfmal, auch bei seinem Klub Al-Nassr aus Saudi-Arabien trifft er im Schnitt in jedem Spiel. Seine sagenhafte Kopfballtechnik hebt ihn noch immer von seinen Rivalen ab. Eine wissenschaftliche Analyse des Technologieunternehmens WHOOP bestimmte sein biologisches Alter im Mai 2025 auf 28,9 Jahre. Eine Sache nagt aber bis heute am ewigen Rekordjäger und Titelsammler. Er hat noch nie eine Weltmeisterschaft gewonnen. Seit der WM 2022 dürfte dieses Gefühl noch präsenter geworden sein, schließlich krönte sich in Katar bekanntlich Ronaldos ewiger Rivale Lionel Messi erstmals zum Weltmeister. In elf großen Turnieren war dem erfolgsbesessenen Portugiesen hingegen nur der EM-Titel 2016 vergönnt.

DFB-Auswahl zu spüren, die beim Halbfinale im Juni 2025 in München eine 1:2-Niederlage einstecken musste. Damals bestritt der eingewechselte Diogo Jota sein vorletztes Länderspiel für Portugal. Der 28-jährige Linksaußen vom FC Liverpool kam nur wenige Wochen später bei einem Autounfall tragisch ums Leben. Die kommende Weltmeisterschaft wird für die Portugiesen auch dadurch eine besondere Note erhalten. Mit dem Gewinn des Titels für ihren verstorbenen Mitspieler würden sie gewiss eine der rührendsten Geschichten schreiben. Portugal zählt zwar nicht zum engsten Favoritenkreis, doch zuzutrauen wäre diesem Team ein Coup durchaus.

FAKTEN & ZAHLEN

Hauptstadt: Lissabon
Einwohner: 5,6 Millionen

WM-Endrundenteilnahmen: 8
Größter WM-Erfolg:
Dritter (1966)
Rekordnationalspieler:
Cristiano Ronaldo (226)
Rekordtorschütze:
Cristiano Ronaldo (143)
FIFA-Weltrangliste: 6.

GRUPPE K: USBEKISTAN

EIN WELTMEISTER COACHT DEN NEULING

Usbekistan steuerte bereits auf WM-Kurs, da ereilte die Nationalmannschaft eine Hiobsbotschaft. Nach knapp dreieinhalb Jahren musste Trainer Srečko Katanec (einst Profi beim VfB Stuttgart) im Januar 2025 sein Amt aus gesundheitlichen Gründen niederlegen. Doch die Usbeken überwanden den Schock und qualifizierten sich unter Interimstrainer Timur Kapadze erstmals für eine Weltmeisterschaft. Die seit 1991 eigenständige, ehemalige sowjetische Teilrepublik gilt schon seit Längerem als stärkste Fußballnation in Zentralasien, in der abgelaufenen Qualifikation setzten die Usbeken allerdings neue Maßstäbe. In 16 Spielen kassierten sie nur eine einzige Niederlage – ein 2:3 in Katar.
Ihre Stärke lag in erster Linie in der Defensive, die von Abdukodir Khusanov angeführt wird. Manchester City zahlte im Januar 2025 satte 40 Millionen Euro, um den 21 Jahre alten Innenverteidiger vom RC Lens loszueisen. Im Angriff trägt Eldor Shomurodov die Hauptlast. Der 30 Jahre alte Mittelstürmer, aktuell von der AS Rom an den türkischen Erstligisten Başakşehir verliehen, traf in der WM-Qualifikation fünfmal und ist mit insgesamt 43 Treffern in 88 Spielen der Rekordtorschütze seines Landes. Am prominentesten ist aber der Coach: Seit Oktober 2025 trainiert der 52-jährige Fabio Cannavaro, eisenharter Verteidiger in Italiens Weltmeisterelf 2006, die Usbeken.

FAKTEN & ZAHLEN

Hauptstadt: Taschkent
Einwohner: 37,0 Millionen

WM-Endrundenteilnahmen: –
Rekordnationalspieler:
Server Jeparov (128)
Rekordtorschütze:
Eldor Shomurodov (43)
FIFA-Weltrangliste: 50.

KOLUMBIEN

DER LETZTE TANZ DES ZAUBERFUSSES

Es ist eines jener Tore, das immer schöner wird, je häufiger man es anschaut. James Rodríguez nimmt den Ball außerhalb des Strafraums mit der Brust an, dreht sich blitzschnell um die eigene Achse und jagt ihn dann aus 20 Metern volley unter die Latte. Ballannahme, Bewegung, Schuss – all das geschieht so fließend, dass man dieses Tor am liebsten im Louvre ausstellen würde. Gefallen ist es bei der WM 2014 im legendären Maracanã beim Achtelfinalduell zwischen Kolumbien und Uruguay. Rodríguez traf zum 1:0, legte später noch einen Treffer nach und führte die Kolumbianer damit erstmals ins WM-Viertelfinale. Zwar scheiterte Rodríguez mit seinem Team in der Runde der letzten Acht an Gastgeber Brasilien (1:2), doch mit sechs Treffern avancierte der 23-Jährige zum Torschützenkönig des Turniers. An diese Sternstunde konnten weder Kolumbien noch Rodríguez in der Folge anknüpfen. Bei der WM 2018 blieb der offensive Mittelfeldspieler ohne Tor, Kolumbien scheiterte im Achtelfinale an England. Für die WM 2022 konnten sich „Los Cafeteros“ nicht qualifizieren. Die Talsohle scheint aber durchschritten zu sein. Mit 28 Punkten aus 18 Spielen löste das Team um Bayern-Star Luis Díaz souverän als Tabellendritter der Südamerikaqualifikation das Ticket für die WM 2026. Und der inzwischen 34-jährige Rodríguez spielte dabei mit vier Treffern und sieben Torvorlagen immer noch eine prominente Rolle.

FAKTEN & ZAHLEN

Hauptstadt: Bogotá
Einwohner: 52,9 Millionen

WM-Endrundenteilnahmen: 6
Größter WM-Erfolg: Viertelfinale (2014)
Rekordnationalspieler: David Ospina (128)
Rekordtorschütze: Falcao (36)
FIFA-Weltrangliste: 13.

GRUPPE L

Sind die Engländer endlich reif für den großen Wurf? Nach einer makellosen Qualifikation reist das Team von Trainer Thomas Tuchel als einer der Topfavoriten zur WM. Gleich in ihrem ersten Spiel wartet auf die „Three Lions" mit Kroatien aber eine harte Prüfung. Das Duell weckt Erinnerungen an die WM 2018, als die Engländer im Halbfinale mit 1:2 nach Verlängerung an den Kroaten gescheitert waren. Es wäre eine große Überraschung, sollten nicht die beiden europäischen Teams den Gruppensieg unter sich ausmachen. Die vom ehemaligen Bundesligaprofi Otto Addo trainierten Ghanaer sind mit ihrem jungen, aufstrebenden Team so etwas wie der Gegenpol zu den routinierten Kroaten und rechnen sich ebenfalls Chancen auf die K.-o.-Runde aus. Als krasser Außenseiter der Gruppe gilt Panama, das sich zum zweiten Mal nach 2018 für eine WM-Endrunde qualifizierte. Abgesehen vom ersten Spiel ist die Gruppe im Osten der USA und Kanadas ansässig.

Mittwoch, 17. Juni				
England	–	**Kroatien**	22 Uhr	Dallas
Donnerstag, 18. Juni				
Ghana	–	**Panama**	1 Uhr	Toronto
Dienstag, 23. Juni				
England	–	**Ghana**	22 Uhr	Boston
Mittwoch, 24. Juni				
Panama	–	**Kroatien**	1 Uhr	Toronto
Samstag, 27. Juni				
Panama	–	**England**	23 Uhr	New Y./New J.
Kroatien	–	**Ghana**	23 Uhr	Philadelphia

IELD WEDNESDAY FC
MAIDSTONE UNITED

GRUPPE L: ENGLAND

TUCHEL FORMT DEN TITELFAVORITEN

Im Mutterland des Fußballs dreht sich der Wind manchmal sehr schnell. Als Thomas Tuchel zum 1. Januar 2025 die Nachfolge von Gareth Southgate als Trainer der englischen Nationalmannschaft antrat, evozierte er ein positives Medienecho. Seit dem Champions-League-Triumph mit dem FC Chelsea im Jahr 2021 genießt Tuchel in England einen guten Ruf, zudem bediente er die Sehnsucht nach einem neuen Impuls. In acht Jahren hatte Southgate die „Three Lions" zwar zweimal ins EM-Finale (2021, 2024) und einmal ins WM-Halbfinale (2018) geführt, mit seinem konservativen Spielstil gewann er aber nie die Herzen der englischen Fans. Tuchel startete zweifellos mit Rückenwind in den prestigeträchtigen Job. Bremsten die schmucklosen Pflichtsiege gegen Albanien, Lettland und Andorra die Euphorie bereits ein, so wurden Tuchel und seine Mannschaft nach einer 1:3-Niederlage gegen Senegal mit Buhrufen in die Kabine begleitet.

Auch die Medien schossen sich auf den deutschen Trainer ein: Sein Verhalten sei erratisch, eine Spielidee nicht erkennbar. Vor dem WM-Qualifikationsspiel bei Verfolger Serbien stand Tuchel also mächtig unter Druck. Und wie reagierte die Mannschaft? Sie schwang sich in Belgrad zu einer Top-Leistung auf und brachte mit einem 5:0-Kantersieg alle kritischen Stimmen zum Schweigen. Am Ende der Qualifikation blickten die „Three Lions" auf eine makellose Bilanz von acht Siegen

DER STAR: JUDE BELLINGHAM

Es hätte alles so schön sein können. Mit einem 2:0-Sieg in Albanien rundete England eine perfekte WM-Qualifikation ab, doch hinterher sprachen alle nur über Jude Bellingham. In der 84. Minute quittierte der Mittelfeldspieler seine Auswechslung mit genervtem Gesichtsausdruck und abfälligen Gesten. Bellinghams Auftreten liefert in England schon länger Diskussionsstoff. Dem 22-Jährigen wird ein Hang zur Arroganz nachgesagt, er wirke unnahbar und selbstbezogen. Nach dem Eklat in Albanien kamen in den Medien sogar Forderungen auf, den divenhaften Star bei der kommenden WM zu Hause zu lassen. Ex-Nationalspieler Ian Wright vermutete hinter den verbalen Salven gegen Bellingham dagegen rassistische Motive und verteidigte den Gescholtenen. Thomas Tuchel, der sich noch nie der Sonderbehandlung von Stars verdächtig machte, nahm seinen Schützling in die Pflicht: „Das sind keine Bilder, die wir nach außen transportieren wollen. Das macht einen schlechten Eindruck. Der Respekt gegenüber Teamkollegen, die ins Spiel reinkommen, ist unerlässlich“, sagte der Coach. Bellingham ist bei den Engländern so etwas der Gegenentwurf zu Torjäger Harry Kane, dem bodenständigen Musterprofi. Nach seinem 127 Millionen teuren Wechsel von Borussia Dortmund im Sommer 2023 reifte er bei Real Madrid schnell zum Superstar. In seiner Debütsaison erzielte er in 28 Spielen 19 Tore und machte sich vor allem mit seinen drei Toren im „Clásico“ gegen den Erzrivalen FC Barcelona unsterblich. Bei den Three Lions ist seine Rolle etwas defensiver angelegt. Mit seinen Passqualitäten, seiner Technik und Kopfballstärke ist er ein Unterschiedsspieler auf Weltniveau. Einer, den England braucht.

und 22:0 Toren, womit sie ihre Titelansprüche für die kommende WM eindrucksvoll untermauerten. In Jude Bellingham (180 Millionen Euro), Bukayo Saka (140), Cole Palmer (120) und Declan Rice (120) werden gleich vier Spieler auf dem Portal *transfermarkt.de* mit einem neunstelligen Marktwert taxiert. Phil Foden von Manchester City wurde erst kürzlich von 100 auf 80 Millionen Euro herabgestuft. Mit acht Toren ragte in der WM-Qualifikation einmal mehr Kapitän Harry Kane heraus. Der Bayern-Stürmer hat bei der Weltmeisterschaft noch etwas gutzumachen: Der sonst so sichere Elfmeterschütze hatte 2022 beim Viertelfinalaus gegen Frankreich (1:2) in der 84. Minute vom Punkt die Chance zum 2:2 vergeben.

FAKTEN & ZAHLEN

Hauptstadt: London
Einwohner: 57,1 Millionen

WM-Endrundenteilnahmen: 16
Größter WM-Erfolg:
Weltmeister (1966)
Rekordnationalspieler: Peter Shilton (125)
Rekordtorschütze: Harry Kane (78)
FIFA-Weltrangliste: 4.

GRUPPE L: KROATIEN

DIE UNTERSCHÄTZTEN

Manchen fliegen die Herzen zu, andere müssen sich die Anerkennung ihrer Umwelt erst hart erarbeiten. Die kroatische Fußball-Nationalmannschaft fällt definitiv in die zweite Kategorie. Als sie bei der WM 2018 in Russland sensationell das Finale erreichte, taten das die meisten Beobachter als Anomalie ab. Schließlich handelte es sich um eine Mannschaft, die hauptsächlich aus Endzwanzigern und Anfangdreißigern bestand und in Luka Modrić nur einen arrivierten Star aufbieten konnte. Dazu kam eine Spielweise, die dem Auge nur bedingt schmeichelte.

Vor der WM 2022 hatte die vier Jahre älter gewordenen Kroaten kaum noch jemand auf der Rechnung. Doch wieder fanden sie einen Weg, die Öffentlichkeit eines Besseren zu belehren. Nachdem sie im Viertelfinale Brasilien im Elfmeterschießen ausgeschaltet hatten, zogen sie erst im Halbfinale gegen den späteren Weltmeister Argentinien mit 0:3 den Kürzeren. Im Spiel um Platz drei gelang ihnen dann aber ein verdienter 2:1-Sieg gegen Marokko. Die Rolle der chronisch Unterschätzten werden Modrić und Co. auch bei der Weltmeisterschaft 2026 bekleiden, obwohl sie nach den makellosen Engländern und Norwegern die höchste Punktzahl aller europäischen Teilnehmer in der WM-Qualifikation aufwiesen. Einzig beim 0:0 in Tschechien gaben sie Punkte ab, ansonsten marschierte das Team des langjährigen Erfolgstrainers Zlatko Dalić sou-

DER STAR: LUKA MODRIĆ

Luka Modrić wird älter, doch er wird niemals alt. Anders kann man es sich kaum noch erklären, dass der schmächtige Mittelfeldstratege auch mit 40 Jahren immer noch auf sehr hohem Niveau Fußball spielt. Immer, wenn in jüngster Zeit ein großes Turnier zu Ende gegangen war, wurde über einen Rücktritt des kroatischen Rekordnationalspielers spekuliert, doch immer wieder machte Modrić weiter. Sechs Europameisterschaften hat er für Kroatien absolviert, 2026 folgt nun seine fünfte Weltmeisterschaft. Die letzte? Höchstwahrscheinlich. Man sollte aber besser nicht darauf wetten. Der Vorteil von Modrić ist, dass seine Genialität nie auf Kraft und Athletik fußte, sondern auf brillanter Technik und Spielintelligenz. Und die nimmt im höheren Fußballalter nicht einfach so ab. Modrić kann mit seinen millimetergenauen Pässen immer noch Abwehrreihen sezieren, er kann das Spiel lesen und ordnen. 13 Jahre lang hatte er das Mittelfeld von Real Madrid geprägt, die meiste Zeit davon zusammen mit Toni Kroos. Im vergangenen Sommer trennten sich die Wege zwischen den Königlichen und dem Kreativkopf. Modrić verließ die spanische Hauptstadt mit 28 Titeln im Gepäck. Statt nach Saudi-Arabien, wie von vielen vermutet worden war, zog es ihn zur AC Mailand, wo er einen Vertrag bis 2026 mit Option auf ein weiteres Jahr unterzeichnete. Modrić outete sich als Fan der Rossoneri, weil es der Klub ist, für den sein Idol Zvonimir Boban elf Jahre lang spielte. Bei Milan ist der 40-Jährige ebenso gesetzt wie in der Nationalmannschaft. Nur noch sechs Einsätze fehlen ihm, um als zweiter noch aktiver Spieler neben Cristiano Ronaldo die 200-Spiele-Marke für sein Land zu erreichen.

verän durch die Qualifikation. Die Abwehr um den ehemaligen Leipziger und heutigen Manchester-City-Stammspieler Joško Gvardiol kassierte in acht Spielen nur vier Gegentore, und im Angriff konnten sich die Kroaten auf den mittlerweile auch schon 34 Jahre alten Hoffenheimer Andrej Kramarić verlassen, der achtmal traf. Im Mittelfeld zieht immer noch der 40-jährige Modrić die Fäden. Temponachteile kompensiert Kroatien mit perfekter Organisation.
Diese Mannschaft mag bei der kommenden Weltmeisterschaft wieder einmal nicht zu den Titelfavoriten zählen, aber sie wird ein renitenter Gegner sein, gegen den wirklich niemand gerne spielt.

FAKTEN & ZAHLEN

Hauptstadt: Zagreb
Einwohner: 3,8 Millionen

WM-Endrundenteilnahmen: 6
Größter WM-Erfolg: Finale (2018)
Rekordnationalspieler:
Luka Modrić (194)
Rekordtorschütze: Davor Šuker (45)
FIFA-Weltrangliste: 10.

GRUPPE L: GHANA

DIE „BLACK STARS" STRAHLEN WIEDER

Dass sich Ghana zum fünften Mal für eine Fußball-Weltmeisterschaft qualifizierte, hat auch mit einem gebürtigen Hamburger zu tun. Unter Trainer Otto Addo setzten sich die „Black Stars" in ihrer Gruppe souverän durch. Als Spieler feierte Addo einst bei Hannover 96 seinen Durchbruch. Es folgten sechs Jahre in Dortmund, die immer wieder von Verletzungen überschattet waren. Beim BVB war er für die Ausbildung der besten Talente zuständig, ehe er im Sommer 2024 den Job als Nationaltrainer Ghanas übernahm. Interimsweise hatte der heute 50-Jährige die „Black Stars" bereits bei der WM 2022 betreut, schied mit dem Team aber bereits in der Vorrunde aus. Die Glanzzeiten des ghanaischen Fußballs liegen schon eine Weile zurück. Bei ihrer ersten WM-Teilnahme 2006 in Deutschland erreichten die Westafrikaner auf Anhieb das Achtelfinale, vier Jahre später in Südafrika drangen sie sogar ins Viertelfinale vor, in dem sie dramatisch nach Elfmeterschießen an Uruguay scheiterten. Danach ging es für die Mannschaft um Torjäger Asamoah Gyan, der mit sechs Treffern bis heute der beste afrikanische Torschütze bei Weltmeisterschaften ist, bergab. Nun schickt sich eine neue Generation um die beiden Topoffensivspielern Mohammed Kudus (Tottenham Hotspur) und Antoine Semenyo (AFC Bournemouth) an, Ghana wieder zu Glanz zu verhelfen.

FAKTEN & ZAHLEN

Hauptstadt: Accra
Einwohner: 34,4 Millionen

WM-Endrundenteilnahmen: 4
Größter WM-Erfolg:
Viertelfinale (2010)
Rekordnationalspieler:
André Ayew (120)
Rekordtorschütze:
Asamoah Gyan (51)
FIFA-Weltrangliste: 72.

GRUPPE L: PANAMA

OH, WIE ERFOLGREICH IST PANAMA

Selten hat ein Anschlusstor zum 1:6 so viel Jubel ausgelöst wie das am 24. Juni 2018 in Nischni Nowgorod. Damals erzielte der 37-jährige Felipe Baloy im WM-Spiel gegen England mit einem Rechtsschuss das erste Tor Panamas bei einer Weltmeisterschaft. Nun lösten die Mittelamerikaner zum zweiten Mal ihr Ticket für das interkontinentale Großereignis – und das bemerkenswert souverän. In der über zwei Runden ausgetragenen Qualifikation blieben sie in zehn Spielen unbesiegt und konnten sich dabei vor allem auf ihre stabile Abwehr stützen, die nur fünf Gegentore zuließ. Völlig überraschend kam der Coup allerdings nicht, schließlich hatte das Team von Trainer Thomas Christiansen, der 2003 beim VfL Bochum Bundesliga-Torschützenkönig geworden war, zuvor bereits in der Nations League des Fußballverbandes CONCACAF für Aufsehen gesorgt. Dort erreichten die Panamaer im März 2025 sensationell das Finale gegen Mexiko (1:2), nachdem sie im Halbfinale Gastgeber USA mit 1:0 düpiert hatten. Als Star der Mannschaft gilt der 29-jährige Rechtsverteidiger Michael Murillo, der Stammspieler beim französischen Topklub Olympique Marseille ist. Schon 2018 in Russland war der defensive Mittelfeldspieler Aníbal Godoy (35) dabei, der mit 155 Spielen Rekordnationalspieler Panamas ist.

FAKTEN & ZAHLEN

Hauptstadt: Panama-Stadt
Einwohner: 4,5 Millionen

WM-Endrundenteilnahmen: 1
Größter WM-Erfolg: –
Rekordnationalspieler:
Aníbal Godoy (155)
Rekordtorschütze: Luis Tejeda (43)
FIFA-Weltrangliste: 30.

Italien, der Europameister von 2021, muss in der WM-Qualifikation nachsitzen.

DER KAMPF UM DIE LETZTEN SECHS WM-TICKETS

Als am 5. Dezember 2025 in Washington D. C. die zwölf Vorrundengruppen ausgelost wurden, waren sechs der 48 WM-Teilnehmer noch nicht bekannt. Diese werden im Frühjahr 2026 in Turnierform ermittelt: zwei bei den sogenannten interkontinentalen Playoffs in den mexikanischen WM-Stadien in Guadalajara und Monterrey, vier bei den europäischen Playoffs mit Heim- und Auswärtsmannschaft. Ausgelost wurden die Ausscheidungsspiele am 20. November 2025 in der FIFA-Zentrale in Zürich durch die Weltmeister Christian Karembeu (1998 mit Frankreich) und Marco Materazzi (2006 mit Italien) sowie das schwedische Fußballidol Martin Dahlin (WM-Dritter 1994 in den USA). Dabei waren die Teams entsprechend ihrer Platzierung in der 1993 eingeführten und 2018 grundlegend reformierten FIFA-Weltrangliste in verschiedene Lostöpfe eingeteilt. Auf den ersten Blick erscheint der Modus kompliziert, im Kern ist er jedoch leicht nachvollziehbar.

INTERKONTINENTALE PLAYOFFS MIT 6 TEILNEHMERN

Daran nehmen sechs Mannschaften aus fünf Kontinentalverbänden teil: je eine aus Südamerika (CONMEBOL), Afrika (CAF), Asien (AFC), Ozeanien (OFC) sowie zwei aus dem gastgebenden Verband Nord- und Mittelamerikas (CONCACAF). Die Demokratische Republik Kongo und der Irak sind als 56. bzw. 58. der FIFA-Weltrangliste für die zwei Finalspiele gesetzt. Ihre Gegner werden in den zwei Halbfinalpartien Neukaledonien (149.) gegen Jamaika (70.) und Bolivien (76.) gegen Suriname (123.) ermittelt. Die Sieger der beiden Finals reisen zur WM. Gespielt wird am 27. und 31. März sowie am 1. April 2026. Die DR Kongo, der Irak und Neukaledonien haben schon Erfahrung mit WM-Ausscheidungsspielen. Wenige Tage vor der Auslosung gewann die DR Kongo (bis 1997 Zaïre) das Playoff-Turnier der vier besten Gruppenzweiten der afrikanischen WM-Qualifikation durch ein 1:0 im Halbfinale gegen Kamerun und ein 5:4 nach Elfmeterschießen im Finale gegen Nigeria. Etwas verschlungener gestaltete sich der Weg der Iraker: In der fünften (!) Qualifikationsrunde Asiens setzten sie sich mit 1:1 im Hinspiel und 2:1 im Rückspiel gegen die Vereinigten Arabischen Emirate durch, der Siegtreffer fiel in der 17. Minute der Nachspielzeit. Neukaledonien bezwang im ozeanischen Halbfinale Tahiti 3:0, zog im Finale gegen Neuseeland mit 0:3 den Kürzeren und erhält nun in den Playoffs eine weitere Chance. Jamaika und Suriname sind die zwei besten Zweitplatzierten der dritten Gruppenphase in Nord- und Mittelamerika, Bolivien ist der Siebte der nur in einer Gruppe ausgetragenen WM-Qualifikation Südamerikas.

EUROPÄISCHE PLAYOFFS MIT 16 TEILNEHMERN

Daran nehmen 16 Mannschaften aus dem Bereich der UEFA teil: alle zwölf Gruppenzweiten der europäischen WM-Qualifikation sowie die vier bestplatzierten Gruppensieger der Nations League, die nicht unter den ersten beiden ihrer Qualifikationsgruppe landeten. Dies sind Schweden, Rumänien, Nordmazedonien und Nordirland. Der Modus mit Halbfinals und Finals entspricht dem der interkontinentalen Playoffs, allerdings sind keine Teams für die Finals gesetzt. Das Heimrecht in den Halbfinals genießen die in der FIFA-Weltrangliste besser platzierten Teams, das Heimrecht für die Finals wurde ausgelost. Die Sieger der vier Finals reisen zur WM. Gespielt wird am 26. und 31. März 2026.

Im Teilnehmerfeld befinden sich einige große Fußballnationen: allen voran der viermalige Weltmeister Italien, ebenso wie die ehemaligen Europameister Tschechien und Dänemark, der einstige Olympiasieger Polen sowie die von einer unvergleichlichen Fanleidenschaft geprägte Türkei. Nach zwei deutlichen Niederlagen gegen Norwegen wurden die Italiener in Qualifikationsgruppe I nur Zweiter. Ein Scheitern im Halbfinale zu Hause gegen Nordirland oder im Finale beim Sieger der Partie Wales gegen Bosnien und Herzegowina käme einer Katastrophe gleich. Schon in den Playoffs zur WM 2018 und zur WM 2022 war die „Squadra Azzurra" auf der Strecke geblieben. Der Druck auf Nationaltrainer Gennaro Gattuso und seine Mannschaft ist enorm.

INTERKONTINENTALE PLAYOFFS

Halbfinals
Fr., 27. März

Bolivien	–	**Surinam**
Neukaledonien	–	**Jamaika**

Finals
Di., 31. März

1	**DR Kongo**	–	**Neukaledonien/Jamaika**

Mi., 1. April

2	**Irak**	–	**Bolivien/Surinam**

EUROPÄISCHE PLAYOFFS

Halbfinals
Do., 26. März

Italien	–	**Nordirland**
Wales	–	**Bosnien und Herzegowina**
Ukraine	–	**Schweden**
Polen	–	**Albanien**
Türkei	–	**Rumänien**
Slowakei	–	**Kosovo**
Dänemark	–	**Nordmazedonien**
Tschechien	–	**Irland**

Finals
Di., 31. März

3	**Wales/Bosnien und Herzegowina**	–	**Italien/Nordirland**
4	**Ukraine/Schweden**	–	**Polen/Albanien**
5	**Slowakei/Kosovo**	–	**Türkei/Rumänien**
6	**Dänemark/Nordmazedonien**	–	**Tschechien/Irland**

STADIEN DER SUPERLATIVE

In vielerlei Hinsicht wird die WM 2026 ein Turnier der Superlative – dies trifft auch auf die 16 Stadien zu: elf in den USA, drei in Mexiko und zwei in Kanada. Zwölf WM-Spielstätten fassen mindestens 65 000 Zuschauer, elf dienen im Herbst und Winter als Heimstätten für Mannschaften aus der American-Football-Profiliga NFL. Für die WM sind nur geringe Umbaumaßnahmen nötig, u.a. müssen die Spielfelder aus Kunstrasen gegen Naturrasen ausgetauscht werden.
Im Vergleich zur Weltmeisterschaft 1994 hat sich die Landkarte der Spielorte in den USA grundlegend geändert: Chicago, Detroit, Washington und Orlando sind weggefallen. Neu dazugekommen sind Atlanta, Miami, Kansas City, Seattle, Houston und Philadelphia. In New York/New Jersey, Dallas, Los Angeles, Boston und in der San Francisco Bay Area wird 2026 in anderen, neu erbauten Stadien gespielt werden als 32 Jahre zuvor. Die Stadien in Dallas, Atlanta (Foto rechts), Houston und im kanadischen Vancouver sind gigantische Multifunktionsarenen mit mobilen Dächern, in Los Angeles ist das Dach fest installiert.
Das mehrfach renovierte Aztekenstadion in Mexiko-Stadt wird als erstes Stadion weltweit zum dritten Mal Schauplatz einer WM: 1970 und 1986 fanden hier die Eröffnungs- und Endspiele statt, diesmal das Eröffnungsspiel. In Guadalajara und Monterrey wurde damals in anderen Stadien gespielt als dies 2026 der Fall sein wird. Das Stadion in Dallas ist mit einer Kapazität von 94 000 Zuschauern das größte des Turniers, hier finden auch die meisten Spiele statt (9). Das kleinste WM-Stadion steht in Toronto und fasst weniger als die Hälfte. Das SoFi Stadium in Los Angeles ist das neueste der WM und in Bezug auf die Größe der Videowand (6500 Quadratmeter) und die Anzahl der Logen (260) weltweit führend. Zum Vergleich: In Deutschlands Vorzeigestadion, der Allianz Arena in München, messen die Videowände addiert 474 Quadratmeter, im Stadion befinden sich 106 Logen.
15 der 16 Spielstätten erhielten – wie bei großen Turnieren seit jeher üblich – für die Dauer der WM neue, werbefreie Namen. Das generalüberholte Soldier Field in Chicago, 1994 Austragungsort des Eröffnungsspiels (Foto auf Seiten 140/141) und eine Art Heimat der deutschen Mannschaft, fehlt diesmal auf der WM-Karte. Die drittgrößte Stadt der USA, auch Sitz des nationalen Fußballverbandes, zog ihre Bewerbung zurück, weil sie nicht auf die finanziellen Forderungen der FIFA eingehen wollte.

KANADA
USA
MEXIKO
Vancouver
Seattle
Toronto
Boston
New York / New Jersey
Philadelphia
San Francisco
Kansas City
Los Angeles
Atlanta
Dallas
Houston
Miami
Monterrey
Guadalajara
MEXIKO STADT
cedes.
Mercedes-Benz
Stadium

NEW YORK / NEW JERSEY

Im Vergleich zu den vielen aufsehenerregenden Spielstätten, die auf den folgenden Seiten vorgestellt werden, kommt das Finalstadion der WM architektonisch eher nüchtern daher. Das 2010 eröffnete MetLife Stadium entstand direkt neben dem längst abgerissenen Giants Stadium, einst Heimat der New Yorker American-Football-Teams Giants und Jets, in dem 1994 ebenfalls sieben WM-Spiele stattfanden. Es ist das Herzstück des Meadowlands Sports Complex in East Rutherford im US-Bundesstaat New Jersey, der sich nur wenige Kilometer entfernt von Manhattan, dem Herzen New Yorks, auf der gegenüberliegenden Seite des Hudson Rivers befindet. Hier spielten einst auch New Jerseys Profiteams Devils (Eishockey) und Nets (Basketball).

Das Stadion verdankt seine schlichte Optik den New York Giants und den New York Jets, die es über ihr Joint Venture „New Meadowlands Stadium Company“ besitzen und betreiben. Beide Klubs legten Wert auf einen traditionellen und neutralen Look. Die 218 Logen sind auf mehreren Ebenen verteilt. Die aus Aluminiumlamellen bestehende Fassade lässt sich – ähnlich wie die Allianz Arena in München – in verschiedenen Farben beleuchten. 2012 wurden auf dem Flutlichtring am oberen Ende des Stadions 1350 Photovoltaikmodule installiert.

FAKTEN & ZAHLEN

Name: MetLife Stadium

WM-Name: New York New Jersey Stadium

Fassungsvermögen: 82 500 Zuschauer

Eröffnung: 2010

Eigentümer: New Meadowlands Stadium Company LLC

WM-Spiele: 8 (5 Gruppenspiele, 1 Sechzehntelfinale, 1 Achtelfinale, Finale)

KANSAS CITY

Im Vergleich zu den modernen American-Football-Tempeln in Los Angeles, Dallas oder Atlanta wirkt die Heimspielstätte des dreimaligen Super-Bowl-Gewinners Kansas City Chiefs ein wenig aus der Zeit gefallen. Nach dem Aztekenstadion in Mexiko-Stadt ist das 1972 eröffnete Arrowhead Stadium die älteste Spielstätte der WM. Gemeinsam mit dem wenige Monate später fertiggestellten Kauffman Stadium, Heimat des Baseballteams Kansas City Royals, bildet es den Truman Sports Complex. Zwischen 2007 und 2010 wurden beide Sportstätten in größerem Umfang renoviert.
Der Stadionname Arrowhead („Pfeilspitze") wurde einst in Anlehnung an die indianische Thematik des Hauptnutzers Kansas City Chiefs gewählt und 2021 aus Sponsoringgründen um den Namen der Krankenversicherung GEHA ergänzt. Bei den Chiefs-Fans genießt das Stadion Kultstatus: 2014 wurde es vom *Guinness Buch der Rekorde* als lautestes Stadion der Welt anerkannt. Vor allem wegen seiner Lage im Mittleren Westen der USA erhielt Kansas City den Zuschlag als WM-Austragungsort. Die FIFA wollte eine geographische Balance zu den Städten an der Ost- und Westküste schaffen. Darüber hinaus gilt Kansas City aufgrund der lokalen Begeisterung als Fußballhauptstadt der USA.

FAKTEN & ZAHLEN

Name: GEHA Field at Arrowhead Stadium

WM-Name: Kansas City Stadium

Fassungsvermögen: 73 000 Zuschauer

Eröffnung: 1972

Eigentümer: Jackson County Sports Complex Authority

WM-Spiele: 6 (4 Gruppenspiele, 1 Sechzehntelfinale, 1 Viertelfinale)

HOUSTON

Zur WM 1994 scheiterte die viertgrößte Stadt der USA mit ihrer Bewerbung: Der NRG Astrodome – das erste komplett überdachte Stadion der Welt (Spitzname: „Das achte Weltwunder“) – wurde von der FIFA abgelehnt. In dem für die uramerikanischen Sportarten American Football und Baseball angelegten Rundbau mit dem markanten Kuppeldach wäre es aufgrund der flachen Bauweise auf vielen Plätzen zu Sichtproblemen gekommen. Bei der WM 2026 kommt Houston mit dem direkt neben dem Astrodome gebauten NRG Stadium zum Zug. Das 2002 eröffnete Stadion fasst 72 000 Zuschauer und verfügt über eine mobile Dachkonstruktion, die sich innerhalb von nur sieben Minuten schließen lässt.Seit seiner Eröffnung dient das NRG Stadium als Heimat des 2002 neu gegründeten NFL-Teams Houston Texans. Die zwei Videowände waren zum Zeitpunkt ihres Einbaus 2013 mit einer Fläche von jeweils 1352 Quadratmetern die größten der Welt. Das Stadion liegt im Sport- und Veranstaltungsgelände NRG Park, zu dem auch der 2009 stillgelegte NRG Astrodome, das Kongresszentrum NRG Center und die NRG Arena gehören, in der sich eine Sporthalle mit 8500 Zuschauerplätzen und vier weitere Messehallen befinden. Der Park und sämtliche Bauten sind benannt nach dem örtlichen Energieversorger.

FAKTEN & ZAHLEN

Name: NRG Stadium

WM-Name: Houston Stadium

Fassungsvermögen: 72 000 Zuschauer

Eröffnung: 2002

Eigentümer: Harris County Sports & Convention Corporation

WM-Spiele: 7 (5 Gruppenspiele, 1 Sechzehntelfinale, 1 Achtelfinale)

SEATTLE

Die Heimstätte des NFL-Teams Seattle Seahawks stand als das lauteste Stadion der Welt im *Guinness Buch der Rekorde*, ehe es 2014 vom Arrowhead Stadium in Kansas City abgelöst wurde. Verantwortlich für den hohen Lärmpegel sind neben den begeisterungsfähigen Fans die Architektur mit dem flachen Unter- und dem steilen Oberrang sowie die imposante Dachkonstruktion mit den beiden Bogenbindern, die das Stadion in Längsrichtung überspannen. Neben dem American-Football-Team beheimatet das Lumen Field auch die Fußballer des Seattle Sounders FC in der MLS und die Fußballerinnen des Seattle Reign FC in der NWSL.
Weitere architektonische Besonderheiten sind das Fan Deck, eine exklusive Zuschauerplattform im Oberrang der Südkurve, und die weitgehend offene Nordkurve, durch die sich ein Ausblick auf die Skyline von Downtown Seattle bietet. Einziges Bauwerk im Norden ist das sogenannte Hawks' Nest, eine Minitribüne samt Turm, auf dem eine Videowand im Hochformat installiert ist. Erbaut wurde das Lumen Field auf der Fläche des 2000 abgerissenen Kingdome, einem Stadion mit geschlossenem Kuppeldach. In unmittelbarer Nachbarschaft befinden sich das WAMU Theater und der T-Mobile Park, das Baseballstadion der Seattle Mariners.

FAKTEN & ZAHLEN

Name: Lumen Field

WM-Name: Seattle Stadium

Fassungsvermögen: 69 000 Zuschauer

Eröffnung: 2002

Eigentümer: Washington State Public Stadium Authority

WM-Spiele: 6 (4 Gruppenspiele, 1 Sechzehntelfinale, 1 Achtelfinale)

PHILADELPHIA

Philadelphia erscheint erstmals auf der WM-Landkarte. 1994 war die mit 1,6 Millionen Einwohnern sechstgrößte Stadt der USA (im Großraum leben mehr als sechs Millionen) nicht vertreten. Das Veterans Stadium, seinerzeit das größte Stadion der Stadt, erfüllte nicht die Ansprüche der FIFA. 2026 werden sechs WM-Spiele im Lincoln Financial Field ausgetragen. Das 2003 eröffnete American-Football-Stadion, Heimat des NFL-Teams Philadelphia Eagles und des Collegeteams der Temple University, liegt im Süden des South Philadelphia Sports Complex, einem riesigen Sport- und Veranstaltungspark, in dem alle großen Profiteams der Stadt beheimatet sind: die 76ers (Basketball) und Flyers (Eishockey) in der Xfinity Mobile Arena, die Phillies (Baseball) im Citizens Bank Park.
Das Lincoln Financial Field fasst 69 000 Zuschauer. Bereits kurz nach der Eröffnung fanden hier vier Spiele der Frauenfußball-WM 2003 statt. Architektonische Besonderheiten sind die Vordächer über der Ost- und Westtribüne, die – in Anlehnung an den Hauptnutzer Philadelphia Eagles – dem Flügelschwung eines Adlers nachempfunden wurden, die deutlich kleinere „Nordkurve", die ein Adlernest symbolisieren soll, sowie die zwei riesigen Videowände an den Stirnseiten zwischen Unter- und dem Oberrang.

FAKTEN & ZAHLEN

Name: Lincoln Financial Field

WM-Name: Philadelphia Stadium

Fassungsvermögen: 69 000 Zuschauer

Eröffnung: 2003

Eigentümer: City of Philadelphia

WM-Spiele: 6 (5 Gruppenspiele, 1 Achtelfinale)

SAN FRANCISCO BAY AREA

Auch das Levi's Stadium am südlichen Ende der San Francisco Bay Area geizt nicht mit architektonischen Besonderheiten. Es wurde 2014 eröffnet und dient seither als Heimat des American-Football-Teams San Francisco 49ers. Es liegt knapp 70 Kilometer von Downtown San Francisco entfernt in der Studentenstadt Santa Clara im Herzen des Silicon Valley. Auffällig ist der große Unterrang (Lower Bowl) mit fast zwei Dritteln der insgesamt 71 000 Zuschauerplätze. Er ist auch der einzige durchgängige Rang im Stadion. Der Mittelrang besteht aus zwei Ebenen mit zusammen 15 000 Plätzen und befindet sich nur auf drei Stadionseiten, der steile Oberrang mit 8000 Plätzen lediglich auf einer.
Markant ist der wie ein eigenständiges Gebäude wirkende SAP Tower, der eingefleischte Fußballfans an das Stadion La Bombonera in der argentinischen Hauptstadt Buenos Aires erinnert. Er beherbergt neben Büros, Medien- und Technikräumen insgesamt 174 Logen für rund 3000 Besucher. Auf dem Balkon davor sind weitere 3500 Club Seats installiert.

FAKTEN & ZAHLEN

Name: Levi's Stadium

WM-Name: San Francisco Bay Area Stadium

Fassungsvermögen: 71 000 Zuschauer

Eröffnung: 2014

Eigentümer: Santa Clara Stadium Authority

WM-Spiele: 6 (5 Gruppenspiele, 1 Sechzehntelfinale)

Auf dem Dach befinden sich eine Grünanlage sowie über 1000 Photovoltaikpaneele, die jährlich mehr Kilowattstunden Strom erzeugen, als bei allen 49ers-Heimspielen in einer Saison verbraucht werden.

VANCOUVER

Der BC Place ist das einzige Stadion, dessen Name für die WM nicht geändert werden musste. Denn „BC" ist keine Firma, sondern das Kürzel für die Provinz British Columbia an der Westküste Kanadas. Mit rund 750 000 Einwohnern ist Vancouver deren größte Stadt. Auf dem Papier ist der 1983 eröffnete BC Place die drittälteste Spielstätte der WM. In der Realität hat er mit dem anlässlich der Weltausstellung 1986 erbauten Stadion aber nur noch wenig gemein. Im Vorfeld der Olympischen Winterspiele 2010 wurde der Innenraum aufwendig modernisiert. Anschließend wurde das mobile Tragluftdach durch ein Membrandach nach Vorbild des Stadions in Frankfurt/Main ersetzt, das innerhalb von zehn Minuten schließbar ist und dessen Seile an 36 herausragenden Stützen befestigt sind.

Das Stadion dient seit jeher als Heimspielstätte des Canadian-Football-Teams BC Lions und der Fußballer der Vancouver Whitecaps: 1983 und 1984 in der NASL, seit 2011 in der MLS. Bei Letzteren wird das Fassungsvermögen durch den mit Segeln abgedeckten Oberrang halbiert. Bei den Olympischen Winterspielen 2010 fanden hier die Eröffnungs- und Schlussfeier sowie die Siegerehrungen statt, bei der Frauenfußball-WM 2015 neun Spiele, darunter das Finale.

FAKTEN & ZAHLEN

Name: BC Place

WM-Name: BC Place Vancouver

Fassungsvermögen: 54 000 Zuschauer

Eröffnung: 1983

Eigentümer: BC Pavilion Corporation

WM-Spiele: 7 (5 Gruppenspiele,
1 Sechzehntelfinale,
1 Achtelfinale)

TORONTO

Das Stadion in Toronto ist das kleinste der WM. Durch den Bau von temporären Zusatztribünen hinter beiden Toren wird gerade einmal die FIFA-Mindestnorm von 45 000 Zuschauerplätzen erfüllt. Bei Heimspielen des MLS-Clubs Toronto FC beträgt das Fassungsvermögen 28 180 Zuschauer. Auf die Nutzung des mehr als doppelt so großen Rogers Centre, einer Multifunktionsarena mit mobilem Dach, wurde verzichtet, da dessen Tribünen architektonisch auf Baseball ausgerichtet sind und es auf zu vielen Plätzen zu massiven Sichtbehinderungen gekommen wäre.
Das BMO Field wurde anlässlich der U20-WM 2007 an der Stelle des 1999 abgerissenen Canadian National Exhibition Stadiums am Ufer des Lake Ontario errichtet. Seit der Eröffnung ist der Toronto FC der Hauptnutzer. Auch die Männer- und Frauen-Nationalmannschaften tragen hier regelmäßig Länderspiele aus. Zwischen 2014 und 2016 wurde die Gegengerade um einen Oberrang erweitert und ebenso überdacht wie die Haupttribüne und die Südtribüne. Seit 2016 wird das Stadion auch vom Canadian-Football-Team Toronto Argonauts genutzt. Der Zuschauerrekord wurde 2017 beim Outdoor-Spiel der Eishockeyliga NHL zwischen den Toronto Maple Leafs und Detroit Red Wings mit 40 148 Besuchern aufgestellt.

FAKTEN & ZAHLEN

Name: BMO Field

WM-Name: Toronto Stadium

Fassungsvermögen: 45 000 Zuschauer

Eröffnung: 2007

Eigentümer: City of Toronto

WM-Spiele: 6 (5 Gruppenspiele, 1 Sechzehntelfinale)

MONTERREY

Die jüngste der fünf WM-Spielstätten außerhalb der USA ist das Estadio BBVA in Guadalupe, einer 650 000-Einwohner-Stadt in der Metropolregion Monterrey, nur 150 Kilometer von der Grenze zu den USA entfernt. Das Stadion wurde 2015 eröffnet und dient seither als Heimat des mexikanischen Spitzenclubs CF Monterrey. Mit 53 500 Zuschauerplätzen ist es eines der kleineren des Turniers. Im Frühjahr 2026 werden hier zwei Playoff-Spiele um die WM-Teilnahme ausgetragen. Beim Bau wurden Umweltschutz und Nachhaltigkeit berücksichtigt, indem in erster Linie recycelte Materialien regionaler Herkunft verwendet und rund um das Stadion Grünflächen angelegt wurden, die der Regenwassergewinnung dienen. Aufgrund seiner markanten Außenhülle, die optisch der Allianz Arena in München ähnelt, trägt es den Beinamen „Der Stahlgigant“. Auch das Estadio BBVA kommt nicht ohne architektonischen Clou aus: Die Südseite ist deutlich niedriger als die drei anderen, damit die Zuschauer einen freien Blick auf den Berg Cerro de la Silla erhalten, dem Wahrzeichen von Monterrey.

FAKTEN & ZAHLEN

Name: Estadio BBVA

WM-Name: Estadio Monterrey

Fassungsvermögen: 53 500 Zuschauer

Eröffnung: 2015

Eigentümer: Fomento Economico Mexicano, S.A.B. de C.V.

WM-Spiele: 4 (3 Gruppenspiele, 1 Sechzehntelfinale)

Bei der WM 1986 war Monterrey Schauplatz von vier Spielen im inzwischen abgerissenen Estadio Tecnológico und vier Spielen im Estadio Universitario in der Vorstadt San Nicolás de los Garza.

GUADALAJARA

Auch der dritte mexikanische WM-Ort kommt nur in den Genuss von vier Spielen, alle in der Vorrunde. Dafür macht am zweiten Spieltag die Nationalmannschaft des Co-Gastgebers Station in der „Perle des Westens“, wie die 1580 Meter über dem Meeresspiegel gelegene Metropolregion Guadalajara genannt wird. Im Frühjahr 2026 werden hier zudem zwei Playoff-Spiele um die WM-Teilnahme ausgetragen. Das 2010 eröffnete Estadio Akron erhielt den Vorzug vor dem größeren, jedoch in die Jahre gekommenen Estadio Jalisco, in dem 1970 und 1986 insgesamt 15 WM-Spiele stattfanden. Es liegt nicht direkt in Mexikos zweitgrößter Stadt Guadalajara, sondern im angrenzenden Zapopan, einer der reichsten Gemeinden des Landes, die selbst 1,5 Millionen Einwohner zählt. Mit einer Kapazität für 48 000 Zuschauer ist das Estadio Akron das zweitkleinste der WM. Die Bauzeit betrug aufgrund von Finanzierungsproblemen sechs Jahre. Es ist die Heimstätte des zwölfmaligen Landesmeisters CD Guadalajara, bekannt als „Chivas“. Klub und Stadion sind im Besitz des Unternehmers Amaury Vergara. Einheimische bezeichnen das Stadion wegen seiner Architektur als „El Volcán“, da die Tribünen vollständig von einem Grashügel umgeben sind und von außen nur das weiße Dach sichtbar ist.

FAKTEN & ZAHLEN

Name: Estadio Akron

WM-Name: Estadio Guadalajara

Fassungsvermögen: 48 000 Zuschauer

Eröffnung: 2010

Eigentümer: Amaury Vergara

WM-Spiele: 4 Gruppenspiele

WM-HISTORIE

Das Wunder von Bern, das Wembleytor, die Hand Gottes oder die Jahrhundertspiele in Mexiko-Stadt und Rio de Janeiro – die Fußball-Weltmeisterschaften sorgten in der Vergangenheit für zahlreiche sporthistorische Momente. Erstmals 1930 in Uruguay wurde die beste Mannschaft der Welt ermittelt. Aus dem damals bescheidenen Turnier mit 13 Mannschaften und 18 Spielen in drei Stadien innerhalb von 18 Tagen hat sich im Laufe der Jahrzehnte eine gigantische einmonatige Veranstaltung entwickelt, das neben den Olympischen Sommerspielen größte und bedeutendste Sportereignis der Welt. Der Modus wurde im Laufe der Jahre mehrfach verändert, die Teilnehmerzahl immer weiter erhöht: 1954 auf 16 Teams, 1982 auf 24 und 1998 auf 32. Beim Turnier 2026 in den USA, in Kanada und in Mexiko werden es 48 Mannschaften sein. 2002 in Japan und Südkorea fand die WM erstmals in zwei Ländern statt, 2026 sind es erstmals drei. Bei der Jubiläums-WM 2030 werden die Spiele sogar in sechs Staaten auf drei Kontinenten ausgetragen, die meisten in Spanien, Portugal und Marokko.

Als „geistige Väter" der Weltmeisterschaft gelten der Franzose Jules Rimet, von 1921 bis 1954 FIFA-Präsident, und der uruguayische Rinderzüchter und Diplomat Enrique Buero, der die WM-Premiere 1930 in seine Heimat holte. Mit Ausnahme von 1942 und 1946 wird seither im Vierjahresrhythmus der Weltmeister ermittelt. Mexiko war 1986 das erste Land, das zum zweiten Mal als Gastgeber auserwählt wurde, auch in Italien, in Frankreich, in Deutschland und in Brasilien fanden bereits zwei WM-Turniere statt. 2026 ist Mexiko zum dritten Mal Gastgeber, die USA zum zweiten Mal. Zu Beginn dieses Jahrtausends wurde von der FIFA ein Rotationsverfahren verabschiedet, nach dem Nationen als Ausrichter aus Kontinentalverbänden ausgeschlossen sind, in denen die letzten zwei

ALLE ENDSPIELE

1930 in Uruguay Uruguay – Argentinien 4:2
1934 in Italien Italien – Tschechoslowakei 2:1 n.V.
1938 in Frankreich Italien – Ungarn 4:2
1950 in Brasilien Uruguay (Finalrunde)
1954 in der Schweiz Deutschland – Ungarn 3:2
1958 in Schweden Brasilien – Schweden 5:2
1962 in Chile Brasilien – Tschechoslowakei 3:1

Turniere stattgefunden haben. Die WM 2034 wurde demzufolge nach Asien an Saudi-Arabien vergeben.
In der Sporthistorie gibt es ein auffallend wiederkehrendes Muster: Bereits viermal fanden die Fußball-WM und die Olympischen Sommerspiele innerhalb von nur zwei Jahren im gleichen Land statt: 1968 in Mexiko-Stadt und 1970 in Mexiko, 1972 in München und 1974 in Deutschland, 1994 in den USA und 1996 in Atlanta, 2014 in Brasilien und 2016 in Rio de Janeiro. Auch zwei Jahre nach der WM 2026 wird mit Los Angeles einer der 16 Spielorte Gastgeber der Olympischen Sommerspiele sein. Rekordweltmeister ist Brasilien mit fünf Titeln vor Deutschland und Italien mit deren vier sowie Argentinien mit drei.
Auf den folgenden Seiten blicken wir auf die bisherigen drei Weltmeisterschaften in den Gastgeberländern von 2026 zurück.

1966 in England England – Deutschland 4:2 n.V.
1970 in Mexiko Brasilien – Italien 4:1
1974 in Deutschland Deutschland – Niederlande 2:1
1978 in Argentinien Argentinien – Niederlande 3:1 n.V.
1982 in Spanien Italien – Deutschland 3:1
1986 in Mexiko Argentinien – Deutschland 3:2
1990 in Ialien Deutschland – Argentinien 1:0
1994 in den USA Brasilien – Italien 3:2 n.E.
1998 in Frankreich Frankreich – Brasilien 3:0
2002 in Südkorea und Japan Brasilien – Deutschland 2:0
2006 in Deutschland Italien – Frankreich 6:4 n.E.
2010 in Südafrika Spanien – Niederlande 1:0 n.V.
2014 in Brasilien Deutschland – Argentinien 1:0 n.V.
2018 in Russland Frankreich – Kroatien 4:2
2022 in Katar Argentinien – Frankreich 7:5 n.E.

WM 1970: FAMOSES FUSSBALLFEST

Die WM 1970 in Mexiko war die erste, die im Farbfernsehen übertragen wurde. Und sie war die erste, bei der die Schiedsrichter Gelbe und Rote Karten vergeben konnten. Als buntes, strahlendes Fußballfest in Erinnerung geblieben ist das Turnier jedoch in erster Linie wegen der stimmungsvollen Stadien und der sportlichen Qualität. In Expertenkreisen gilt es noch heute als eines der besten, wenn nicht sogar als das beste der Geschichte. Nach den glanzlosen Weltmeisterschaften 1962 in Chile und 1966 in England hob es den internationalen Fußball auf ein neues Niveau.

Bei der Abstimmung hatte sich Mexiko mit 56:32 Stimmen gegen den Mitbewerber Argentinien durchgesetzt, die sportbegeisterten Lateinamerikaner waren somit nur zwei Jahre nach den Olympischen Sommerspielen in der Hauptstadt Mexiko-Stadt erneut Ausrichter einer globalen Großveranstaltung. Durchschnittlich 52 312 Zuschauer bei den 32 Spielen sorgten für einen würdigen Rahmen. Nachdem die Sommerspiele den „Jahrhundertsprung“ des Leichtathleten Bob Beamon gesehen hatten – mit 8,90 Metern fast ein Vierteljahrhundert lang Weltrekord –, erlebte die WM das „Jahrhundertspiel“. Noch heute erinnert eine Gedenktafel am Aztekenstadion an das Halbfinale zwischen Deutschland und Italien am 17. Juni 1970, in dem sich beide Mannschaften vor 103 000 Zuschauern und bei 50 Grad in der Sonne eine legendäre Hitzeschlacht und einen offensiven Schlagabtausch lieferten, wie ihn die Fußballwelt bis dahin noch nie erlebt hatte. Es lief bereits die Nachspielzeit, als ausgerechnet Verteidiger und Italienlegionär Karl-Heinz Schnellinger von der AC Mailand mit seinem ersten und einzigen Länderspieltor den 1:1-Ausgleich erzielte. In der Verlängerung nahm das Spektakel seinen Lauf. Franz Beckenbauer führte Regie mit dem linken Arm in einer Schlinge, nachdem er sich in der zweiten Halbzeit das Schlüsselbein gebrochen hatte. Gerd Müller erzielte seine Turniertore neun und zehn: mit der Fußspitze das 2:1 und per Hechtkopfball das 3:3 – doch all das reichte nicht. Nur 14 Sekunden nach dem Ausgleich gelang den Italienern der Siegtreffer. Fünf Tore in der Verlängerung sind vermutlich ein Rekord für die Ewigkeit.

In der Runde zuvor hatte die deutsche Mannschaft gegen Titelverteidiger England nach einem 0:2-Rückstand Revanche für die Finalniederlage 1966 im Wembleystadion genommen. Unvergessen: der Ausgleichstreffer von Uwe Seeler (kleines Foto rechts) mit dem Hinterkopf. In der Verlängerung erzielte Gerd Müller das 3:2. Der 1:0-Sieg im „kleinen Finale“ gegen Uruguay läutete schließlich die erfolgreichste Zeit des deutschen Fußballs ein, mit dem EM-Titel 1972, dem WM-Titel 1974 und dem Hattrick des FC Bayern München im Europapokal der Landesmeister.

Verdienter Weltmeister wurde Brasilien durch einen 4:1-Finalsieg gegen Deutschlandbezwinger Italien. Mit sechs Siegen und 19:6 Toren war die „Seleção“ um Superstar Pelé (Foto oben) die beste Mannschaft des Turniers – in Fachkreisen gilt sie als eine der besten der WM-Geschichte. Infolge des dritten Titels

nach 1958 und 1962 ging der Jules-Rimet-Pokal dauerhaft in den Besitz des brasilianischen Verbandes über (dass er später gestohlen und von den Dieben eingeschmolzen wurde, ist eine andere Geschichte). Für die folgende WM 1974 in Deutschland wurde der neue, heute bekannte WM-Pokal eingeführt.

WM 1986: LA OLA UND MARADONA

Als erstes Land überhaupt war Mexiko 1986 zum zweiten Mal Gastgeber einer WM – und das nur 16 Jahre nach der Premiere 1970. Die Lateinamerikaner sprangen mit gerade einmal drei Jahren Vorlauf für Kolumbien ein, das sich Ende 1982 als Ausrichter zurückgezogen hatte – mit der Begründung, dass man bei der Vergabe noch von 16 Teilnehmern ausgegangen sei und die angespannte Wirtschaftslage im Land kein Turnier mit 24 Mannschaften erlaube. Die USA und Kanada hatten sich ebenfalls als Ersatzausrichter beworben und fühlten sich von der FIFA über den Tisch gezogen.

Den Irrungen und Wirrungen im Vorfeld – zu allem Überfluss wurde die Hauptstadt Mexiko-Stadt neun Monate vor dem Eröffnungsspiel vom schwersten Erdbeben ihrer Geschichte heimgesucht – folgte ein Turnier, das atmosphärisch und sportlich keine Wünsche offenließ. Es ließ sogar Erinnerungen an die fußballerischen Sternstunden 16 Jahre zuvor wach werden. Durch die Stadien schwappte die Zuschauerwelle „La Ola", die danach weltweit Beliebtheit erlangte. Und auf dem Rasen zauberte Argentiniens Superstar Diego Maradona (Foto links), der sich mit 25 Jahren auf dem Höhepunkt seiner Schaffenskraft befand. Von den 14 Turniertoren des Weltmeisters erzielte er fünf selbst, fünf weitere bereitete er vor. Unvergessen seine beiden Treffer beim 2:1 im Viertelfinale gegen England: In der 51. Minute bugsierte er den Ball mit der linken Hand über den aus dem Gehäuse geeilten Torhüter Peter Shilton (Foto unten). Der tunesische Schiedsrichter Ali Bin Nasser hatte die Szene als Kopfball wahrgenommen, wodurch sich Maradona nach dem Spiel zum provokanten Spruch „Es war der Kopf Maradonas und die Hand Gottes" hinreißen ließ. Seine Genialität aufblitzen ließ der Argentinier nur vier Spielminuten später mit dem 2:0 nach einem Alleingang über 60 Meter, das 2002 bei einer Fanabstimmung der FIFA zum „Tor des Jahrhunderts" gewählt wurde. Im Finale gegen Deutschland bereitete Maradona mit einem präzisen Steckpass den 3:2-Siegtreffer von Jorge Burruchaga vor, nachdem die DFB-Elf nur drei Minuten zuvor einen 0:2-Rückstand wettgemacht hatte.

Wie vier Jahre zuvor bei der WM in Spanien blieb der deutschen Mannschaft nur der zweite Platz. Während er 1982 als Enttäuschung empfunden wurde, galt er 1986 als unerwarteter Erfolg. Die Hoffnungen waren gering nach einer durchwachsenen Qualifikation und internen Querelen: Ersatztorhüter Uli Stein beleidigte Teamchef Franz Beckenbauer als „Suppenkasper" und wurde daraufhin suspendiert. Zudem schleppte sich Kapitän Karl-Heinz Rummenigge (auf dem Foto oben zwischen Dieter Hoeneß und Franz Beckenbauer) mit einer Oberschenkelverletzung durch die WM. Doch einmal mehr wurde die DFB-Elf ihrem Ruf als Turniermannschaft gerecht. Im Viertelfinale warf sie Gastgeber Mexiko mit 4:1 nach Elfmeterschießen aus dem Turnier, im Halbfinale setzte sie sich – wie vier Jahre zuvor – gegen Frankreich durch. Der Europameister hatte zuvor Titelverteidiger Italien mit 2:0 und den großen Turnierfavoriten Brasilien mit 5:4 nach Elfmeterschießen aus dem Weg geräumt.

Eine weitere positive Überraschung war Marokko, das seine Vorrundengruppe auf dem ersten Platz vor England, Polen und Portugal abschloss und damit als erster afrikanischer WM-Teilnehmer überhaupt die Vorrunde überstand. Im Achtelfinale fanden die Marokkaner in Deutschland ihren Meister. Lothar Matthäus erzielte in der 87. Minute mit einem Freistoß aus 30 Metern den einzigen Treffer.

WM 1994: GLANZ UND GLAMOUR

Mit ihrer Bewerbung als Ersatzausrichter für die WM 1986 waren die USA noch erfolglos geblieben. Beim zweiten Anlauf hatten sie Erfolg: 1994 fand erstmals eine Weltmeisterschaft außerhalb Europas, Süd- oder Lateinamerikas statt. Bei der Abstimmung des FIFA-Exekutivkomitees im Mai 1988 hatten sich die Vereinigten Staaten von Amerika mit zehn Stimmen gegen die Mitbewerber Marokko (sieben) und Brasilien (zwei) durchgesetzt. So mancher Experte sah die Entscheidung kritisch: Die USA waren damals ein „Fußballentwicklungsland". American Football gilt im drittbevölkerungsreichsten Land der Welt seit jeher als Nationalsport, Soccer hingegen, wie sie in den USA den klassischen Fußball nennen, war den meisten Menschen fremd. 1985 wurde die Profiliga NASL aufgelöst, die in den 1970er-Jahren mit Weltstars wie Pelé oder Franz Beckenbauer ein kurzes Zwischenhoch erlebt hatte. 1992 verschwand dann auch noch die populäre Hallenfußballliga MISL mangels TV-Vertrag von der Bildfläche. Die FIFA machte dem US-Verband die Gründung einer neuen, landesweiten Profiliga zur Auflage. Zwei Jahre nach der WM rollte in der heute florierenden MLS erstmals der Ball.

Dass unter den ungünstigen Vorzeichen ausgerechnet das Turnier in den USA zum bis heute bestbesuchten der WM-Geschichte wurde, ist umso erstaunlicher. Durchschnittlich 68 991 Zuschauer kamen zu den 52 Spielen, die in neun gigantischen American-Football-Tempeln ausgetragen wurden, wie jenen in New York/New Jersey, Dallas, Orlando oder Chicago (Foto rechts). Die Amerikaner lieben bekanntlich das Spektakel: Das Vorrundenspiel zwischen Gastgeber USA und der Schweiz vor 73 425 Zuschauern im Pontiac Silverdome von Detroit war das erste WM-Spiel in einer Halle. Das Finale zwischen Brasilien und Italien (3:2 n. E.) in der Rose Bowl von Pasadena im Los Angeles County ist mit 94 194 Zuschauern bis heute das viertbestbesuchte der WM-Historie.

Bei allem Glanz und Glamour: Die WM 1994 ist auch verbunden mit dem frühen Scheitern der deutschen Mannschaft. Während des Vorrundenspiels gegen Südkorea (3:2) in Dallas zeigte Stefan Effenberg den mitgereisten Fans den ausgestreckten Mittelfinger, was zu seinem Rauswurf aus der DFB-Elf führte. Im Viertelfinale gegen Bulgarien in New York/New Jersey sorgte ausgerechnet HSV-Legionär Jordan Letschkow (Foto rechts) mit seinem Kopfballtreffer zum 2:1 für das Aus. Die WM 1994 ist auch verbunden mit dem bis heute langweiligsten Endspiel der Geschichte. In regulärer Spielzeit und Verlängerung fielen keine Tore, der Weltmeister musste erstmals im Elfmeterschießen ermittelt werden. Ausgerechnet Roberto Baggio, der vor dem Finale fünf der acht italienischen Turniertore erzielt hatte, versagten die Nerven. Brasilien um die Superstars Romário und Bebeto gewann nach 24-jähriger Durststrecke den vierten Titel und holte sich damit seinen Status als alleiniger Rekordweltmeister zurück.

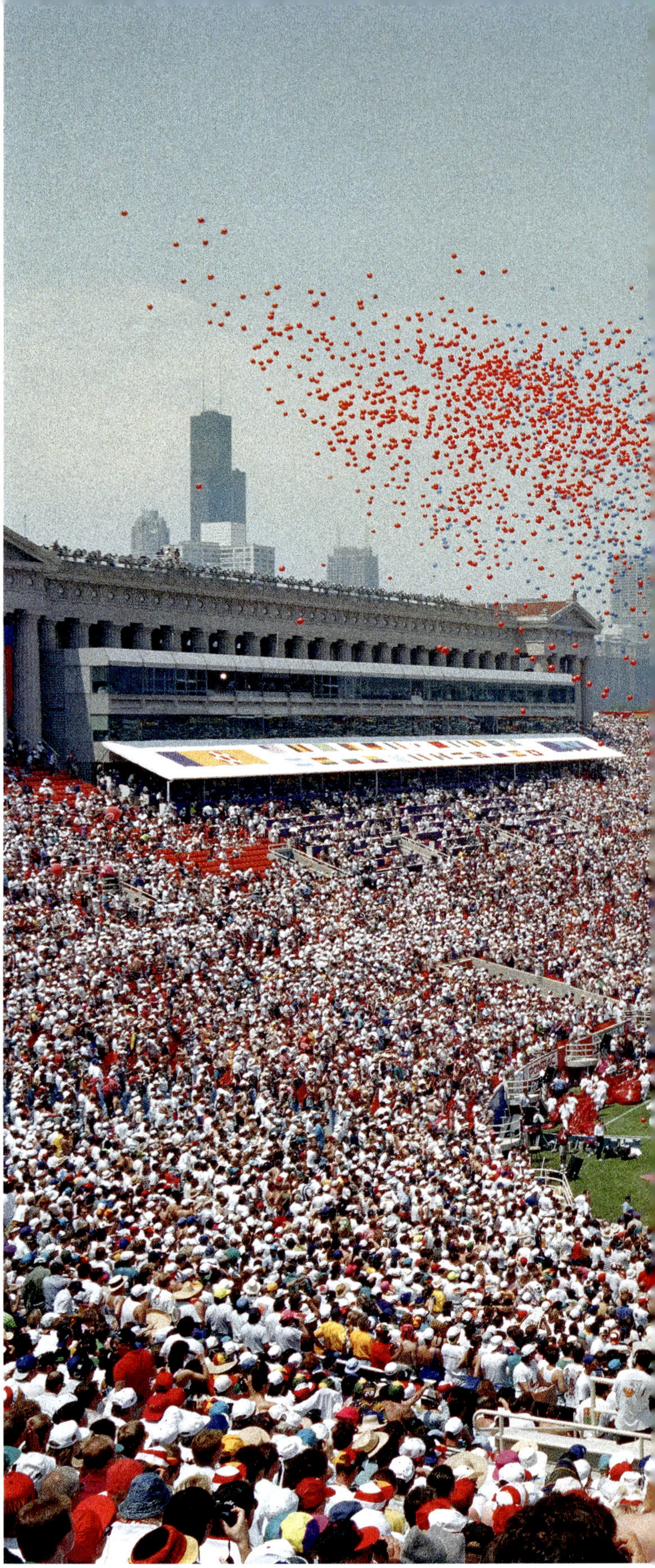

Und die WM 1994 ist verbunden mit einem der dunkelsten Kapitel. Schon nach der 1:3-Auftaktniederlage gegen Rumänien erhielten mehrere kolumbianische Spieler Morddrohun-

gen. Nach der Heimreise eskalierte die Situation: Verteidiger Andrés Escobar, der mit einem Eigentor die 1:2-Niederlage gegen die USA und den damit verbundenen Vorrunden-K.-o. eingeleitet hatte, wurde in seiner Heimatstadt Medellín auf dem Parkplatz einer Bar erschossen. Der Mörder stammte aus der Drogen- und Wettspielmafia.

WM-REKORDE

DIE MEISTEN TORE

1.	Miroslav Klose	16
2.	Ronaldo	15
3.	Gerd Müller	14
4.	Just Fontaine	13
	Lionel Messi	13
6.	Pelé	12
	Kylian Mbappé	12
8.	Sándor Kocsis	11
	Jürgen Klinsmann	11
10.	Helmut Rahn	10
	Teófilo Cubillas	10
	Grzegorz Lato	10
	Gary Lineker	10
	Gabriel Batistuta	10
	Thomas Müller	10

GOLDENER BALL

1982	Paolo Rossi
1986	Diego Maradona
1990	Salvatore Schillaci
1994	Romário
1998	Ronaldo
2002	Oliver Kahn
2006	Zinédine Zidane
2010	Diego Forlán
2014	Lionel Messi
2018	Luka Modrić
2022	Lionel Messi

Die Auszeichnung für den besten WM-Spieler wurde erstmals 1982 vergeben.

DIE MEISTEN SPIELE

1.	Lionel Messi	26
2.	Lothar Matthäus	25
3.	Miroslav Klose	24
4.	Paolo Maldini	23
5.	Cristiano Ronaldo	22
6.	Diego Maradona	21
	Uwe Seeler	21
	Władysław Żmuda	21
9.	Cafu	20
	Philipp Lahm	20
	Grzegorz Lato	20
	Hugo Lloris	20
	Javier Mascherano	20
	Bastian Schweinsteiger	20

DIE MEISTEN TITEL

1.	Brasilien	5
2.	Deutschland	4
3.	Italien	4
4.	Argentinien	3
5.	Frankreich	2
6.	Uruguay	2
7.	England	1
8.	Spanien	1

Der Brasilianer Pelé ist der einzige Spieler, der dreimal Weltmeister wurde (1958, 1962, 1970).

14:28
RUNNER'S WORLD Podcast
RW
DE
Folge 6: Equipment-Neuheit
RUNNER'S WORLD Podcast
Jetzt hören was läuft!
Der Podcast von
RUNNER'S
WORLD
runnersworld.de/podcast